GUIDO MARIA KRETSCHMER

EINE BLUSE MACHT NOCH KEINEN SOMMER

Geschichten aus dem Kleiderschrank

GUIDO MARIA KRETSCHMER

EINE BLUSE MACHT NOCH KEINEN SOMMER

Geschichten aus dem Kleiderschrank

VORWORT

Die Lust an der Veränderung ist der Motor der Mode und die ewige Suche nach dem neusten Schrei ist Vergnügen und Aufgabe gleichermaßen. Mode ist die Möglichkeit, mit Kleidung zu spielen, sich neu zu erfinden, ohne dabei seine Persönlichkeit zu verlieren.

Der ewige Wechsel kann so erfrischend wie mühsam sein, und einige von uns halten den Moment stofflicher Identität fest, um eine Persönlichkeit zu werden oder zumindest so auszusehen. Den Stoff zu wechseln kann befreiend und aufregend sein, Gleiches gilt für das An- und Ausziehen.

Die Lust auf etwas Neues ist in vielen von uns angelegt und kann eine unbändige Freude bereiten. Wer die Verpackung austauscht, der ändert aber nicht gleich den Inhalt. Einige halten fest an der Kleidung ihrer Vergangenheit und tragen immer das Gleiche, wie eine Uniform, und wundern sich eines guten Tages, nicht mehr entdeckt zu werden oder nur von denen, die sie schon kennen. Wer der Mode keine Chance gibt, vergibt sich nach meinem Dafürhalten so einiges, es ist so leicht, sich und den anderen zu gefallen und auch aufzufallen. Wir sollten finden und gefunden werden, sollten uns einlassen und weglassen, sollten die Arme für Neues öffnen und uns verschließen, um zu schützen, was uns wichtig ist. Mode ist so viel mehr als profane Verpackung, sie ist auch die Möglichkeit, sichtbar zu machen, was in uns schlummert und uns bewegt. Eine nonverbale Kommunikation mit Menschen, die uns hören, indem sie uns sehen. Es ist eine Freude, die visuell geteilt werden kann, und somit ist ein aufregender Look auch etwas, von dem auch die anderen etwas haben!

Eine Frau, die in einem leicht schwingenden wunderschönen Sommerkleid die Straße entlangschlendert, freut sich und erfreut uns. Wenn eine Gesellschaft uniformiert und vorschreibt, was getragen wird, dann ist es das Ende von Demokratie und Freiheit! Entzaubert und langweilig sind wir unserer Selbstbestimmung beraubt. Das heißt aber nicht, dass wir nur glücklich sein können, wenn wir individuell sind, und uns erst Textiles zu einem Unikat werden lässt. Solange jeder von uns das anzieht, was ihm Freude macht, kann auch irgendeine Bluse der Himmel auf Erden sein, und das auch, wenn Hunderte die gleiche Idee hatten.

In diesem, meinem zweiten Buch möchte ich wieder von Menschen erzählen und ihren Beziehungen und ihrer Liebe zu ausgesuchten Kleidungsstücken. Jede Geschichte stellt ein Kleidungsstück in das Zentrum und im Anschluss erzähle ich von all den Möglichkeiten der Kombination und welcher Figurtyp sich dieses oder jenes zu eigen machen sollte. Es handelt von Frauen, die Mode lieben, die eine ganz besondere Beziehung zu einem speziellen Kleidungsstück haben, weil es ihnen etwas bedeutet und diese Leidenschaft eben auch vieles von ihrer Persönlichkeit und ihrem Leben preisgibt.

Ich möchte euch erzählen von verliebten Traumfrauen und verlassenen Mädchen und ihren Kleidern und Röcken. Aber auch von jenen Damen, die vermeintlich alles haben und manchmal erst zu spät merken, dass wertvoll nicht immer käuflich ist. Von einem Mädchen, das alles geben würde, noch einmal ein Kleid tragen zu können, und von einer Frohnatur, die es so nimmt, wie es kommt, und ihr Herz immer wieder an etwas Schönes verliert.

Es sind Berliner Damen, die in Hosenanzügen auf dem Ku'damm flanieren, und New Yorker Mädchen, die mit Leggings durch Harlem wackeln, und sie haben mehr gemeinsam, als es vermuten lässt. Frauen, die neben mir in einem feststeckenden Fahrstuhl einschlafen, und von einer, die lieber ein Kleid vor mir ausziehen wollte, anstatt in ein Neues zu schlüpfen. Es sind Männer und Frauen, und manchmal verschiebt sich auch noch die Linie zwischen den Geschlechtern, wenn die Liebe zu Kleidern die Oberhand gewinnt.

Meine Geschichten erzählen von Menschen aus meinem Leben und der Freude an Genähtem und das verbindet mich mit ihnen. Meine Erinnerungen an diese Frauen sind wie mit der Hand genäht, Stich für Stich verbunden, für die Ewigkeit in mir, fein säuberlich auf Bügel gehangen, und jetzt öffne ich die Türen und teile sie mit euch, denn eine Bluse macht noch keinen Sommer …

Herzlichst

Euer Guido Maria Kretschmer

FÜR LUISE ...

HALTERLOSE TRÄGER
ZUR DAMENWAHL

Damenwahl ist für manche Männer eine Herausforderung und für einige gar eine ganz neue Erfahrung, wenn eine Frau die Initiative ergreift. Das weibliche Geschlecht kostet es Kraft und Überwindung, einen Mann um den nächsten Tanz zu bitten. Die Entscheidung, seinen sicheren Platz zu verlassen, braucht Mut und mancher gestandenen Frau fehlt es eben genau an jenem. Die Dreisten marschieren gleich los, wenn die Aufforderung »Damenwahl« von einer Band in den Tanzsaal gehaucht wird. Damenwahl wird immer gern gesäuselt, oder besser noch übertrieben lang gesprochen, damit sich nur die Mädels trauen, die ohnehin schon den ganzen Abend angetanzt wurden. Der anrüchige Unterton ist für die Schüchterne die Berechtigung, sitzen zu bleiben. Mancher Bandleader oder DJ hat sicher keine Ahnung, was »Daaamenwaaahl« in der ein oder anderen Frauenseele anrichten kann. Besonders wenn die kleine Seele in einer großen stämmigen Frau ein Zuhause gefunden hat, die vom Tanzen träumt und die sich nie traut, dieser Aufforderung Folge zu leisten.

Die große Frau war ein Riesenmädchen, oder vielleicht sogar ein Riesenbaby, und hatte von ihren Eltern auch noch den Namen Püppi bekommen. Ich hatte keine Ahnung, ob auch Püppi in ihrem Ausweis stand, eines war jedoch klar, dieser Name hatte absolut nichts mit ihr gemein. Püppi war sicher

185 cm groß und mit einem extrem flachen Po, aber einer nicht zu unterschätzenden Brust ausgestattet. Die Oberweite hatte immer freie Fahrt gehabt, da Püppi nie einen BH trug. Wenn ein gewaltiger Busen einfach hängen darf, dann hängt er, in Püppis Fall bis fast unter die Taille. Gleiches galt für ihre hüftlangen glatten Haare. Ihre Mutter hatte dem Riesenmädchen jeden Morgen die goldblonden Haare gebürstet und sie zu allem Überfluss mit unsinnigen Spangen vorn fixiert. Die langen, gepflegten Haare waren ihr großer Stolz. Sie wurden gebürstet und gepflegt und auch noch von der erwachsenen Frau mit Spängchen fixiert. Die seitlichen Klammern teilten das Gesicht in der Mitte und gaben ein freundliches Stückchen Gesicht frei. Sie sah aus wie eine Mischung aus Yoko Ono und King Kong mit Spängchen und war so tanzbegeistert wie Motsi Mabuse und Herr Llambi zusammen. Ich habe in meinem ganzen Leben noch nie eine Frau gesehen, die eine so schlechte Haltung hatte wie Püppi. Die Großen glauben immer, dass vorn einrollen kleiner wirken lässt, ein Irrtum!

Unsere erste Anprobe war ein Vergnügen und sollte einmalig bleiben, so eine Püppi hat nie mehr danach unser Atelier betreten. Diesen Tag vergesse ich nie, ich war ein Geburtstagsgutschein! Pünktlich um 10 Uhr bollerte es an der Tür und Püppi trat in mein Leben. Ich kann an dieser Stelle mit Recht behaupten, ich habe nie wieder eine Frau gesehen, die in der ersten Sekunde ihrer Erscheinung so laut rief: »Ich trage keinen BH!« Wie konnte sie nur so eine gewaltige Brust ungebändigt durch den Alltag schaukeln? Ihre Stimme hatte etwas von einem kleinen Mädchen, war leicht und etwas zu hoch angelegt, als ob sie sich ständig freute. Sie stellte sich vor mit dem Satz: »Mein Name ist Püppi und ich bin so aufgeregt, seit über einer Stunde habe ich jetzt schon im Auto vor Ihrem Haus gewartet, ich bin froh nicht wieder weggefahren zu sein, Sie sind mein Geschenk!« Manchmal war es nicht leicht, ein Gutschein zu sein!

Tanzschulen sind heute vielleicht nicht mehr ganz so in Mode, aber es war häufig ein erster Kontaktmarkt für gut behütete Töchter und für pickelige Söhne, die an den Mann bzw. an die Frau gebracht werden sollten. In der Regel fanden sich die Paare wie von Zauberhand, jedoch gab es immer einige Kandidaten, die bei dem Verteilungsreigen leer ausgingen. Püppi war genau solch ein Fall und hatte immer die wechselnden Tanzlehrer als Partner bekommen. Wer immer leer ausgeht, der träumt von Damenwahl! Während Püppi losplapperte und ihre Stimme immer höher wurde, bekam ich es langsam mit der Angst zu tun. Sie wollte einen Tanzrock, er solle schwingen auf Teufel komm raus und unabdingbar, mit einem Gummizug, bequem und aufregend. Gummizug ist in der Anfertigung ein böses Wort, genauso wie ein isolierter Rock, ohne Oberteil. Wir Designer machen immer noch gern ein Jäckchen dazu oder etwas anderes für oben, maßgefertigt spielt sich nicht nur unten ab. Bringen Sie einmal einer stolzen Musterschneiderin bei, einen Gummizug in einen Rock einzubauen – die erklärt Sie für meschugge und wird den Satz sagen: »Wieso? Den machen wir doch perfekt, der braucht kein Gummi …«

Als meine Direktrice Püppis Maße aufnahm, schüttelte sie leider etwas viel mit dem Kopf und hauchte mir noch zwischen Rückenbreite und Höhe zu: »Uns bleibt aber auch nichts erspart …« Eine meiner älteren Mitarbeiterinnen brachte eine Stoffauswahl von Materialien, die wir als Lagerware bezeichnen. Direkt verfügbar und daher für Püppis Ansinnen, den Rock so schnell wie möglich tragen zu können, unabdingbar. »Sie hat keinen BH an«, war der Satz, der im Raum stand, und etwas ungeschickt von jener älteren Mitarbeiterin ausgesprochen worden war. »Nein«, sagte Püppi, »den brauch ich nicht, der stört mich beim Sport und engt ein«, sie hätte nie so ein unsinniges Stückchen Stoff getragen. Fassungslosigkeit machte die Runde. Sport? Püppi macht Sport? Ich sah sie schon in meiner Fantasie mit einigen Männern in Schottland Baumstämme weit werfen. »Ja«, sagte sie voller Stolz und mit einem Strahlen in den Augen, »ich tanze, kennen Sie den Film *Flashdance?*«

Es sind ja meistens Bilder, die in unserer Fantasie Realität werden, wenn Worte den Startschuss dazu geben. Schlagartig sah ich dann Püppi mit Stulpen und einem knallengen Body durch die Bude springen, und um das Bild noch zu krönen, an einem Seil ziehend einen Eimer Wasser über sich ergießen. Wer jemals Jennifer Beals in diesem Tanzfilm gesehen hat, der wird unsere Verwunderung verstehen. Die Hauptdarstellerin brauchte auch beim Tanzen und Salto rückwärts keinen BH, Püppi allerdings schon im Stehen … Noch heute, Jahrzehnte später, brauche ich bei einigen Mitarbeitern nur den Song »Schies a meeniäck, meeniäck, ei schur nou« anzusingen, da schreit die versammelte Truppe »Püppi!« und freut sich des Lebens. Obwohl ihr Trainingsprogramm eben jener Tanzfilm war, träumte sie von der Damenwahl in ihrem Tanzlokal, das sie an jedem Mittwochabend aufsuchte. Sie kannte alle Tanzschritte und scheute sich auch nicht, mir bei der zweiten Anprobe eine kleine Vorführung zu geben. Ihre Wahl war ein tellerförmiger Rock aus einer bedruckten Seide. Weiße Punkte in unterschiedlicher Größe auf blauem Grund. Eine gute Wahl, da ihr flacher Po durch das Muster etwas Proportion bekam, wäre da nicht die Brust gewesen. Die hing leider so schwer an ihr runter, dass sie fast den Bund ihres Tellerrockes berührte. Mehrmals versuchte ich sie davon zu überzeugen, dass nur ein Büstenhalter der Masse an Brust Herr werden könne. Die Aussicht auf eine Taille und sogar ein Dekolleté prallte genauso an ihr ab wie der Versuch, sie von einer neuen Frisur und dem Verzicht auf die Spangen zu überzeugen. Püppi war stur und beratungsresistent! Aussichtslos war auch, sie von der von ihr gewünschten Rocklänge abzuhalten. Eine Handbreit über das Knie, »Wir haben nicht so schöne Knie, hat Mutti immer gesagt«, sagte sie. Warum Mutti wohl nie über die Oberweite gesprochen hatte, bleibt ein Rätsel, Gleiches gilt für die elenden Spangen, die bei unserer zweiten Begegnung zwei Kiwischeiben zierten.

Ich war mir sicher, unser Rock tat etwas für ihre Figur. Er war ein wenig zu lang, aber er zauberte ihr etwas Proportion und er schwang leicht und locker hin und her. Was leider auch für ihr glattes Haar und natürlich für die beiden Brüste galt. Während ich sie ohne Pause in einen Büstenhalter und ein für sie passendes Oberteil quatschen wollte, hatte sie das Objekt ihrer Begierde bereits entdeckt. Ein Seidentop mit Spaghettiträgern! Es handelte sich bei diesem Oberteil um ein simples Top, wie es gern von Damen unter einem Kostüm getragen wird. Sie riss es blitzschnell vom Bügel und hielt sich das gute Stück vor den Oberkörper. Noch nie haben alle Anwesenden in meinem Atelier gemeinsam so schnell »Nein, nein« gerufen, »Bitte nicht, Püppi!« Der Satz, ein Top geht doch immer, hat seine Berechtigung, aber nicht für Püppi ohne BH! Ich versuchte ihr zu erklären, dass ein Top eine gute Wahl wäre, aber nicht mit Spaghettiträgern und schon gar nicht ohne Büstenhalter. Es war aussichtslos, der Gutschein war für einen Rock ausgestellt worden und nicht für ein komplettes Outfit.

Püppi hatte etwas Grobes, war gewaltig, aber auch auf eine seltsame Art zart und leicht. Sie wusste genau, was sie wollte, und eben auch, was es nicht sein sollte! Ein Mann und eine Familie und ein glückliches Leben, sagte sie, seien ihre Träume. Sie erzählte mir von ihrem Traummann, der immer schon da war, wenn sie das Tanzlokal aufsuchte. Wie sie tanzte er nie und hatte, obwohl er keine Damenwahlchance hatte, wohl auch nicht den Mut, eine Tanzwillige anzusprechen. Er sei groß und trage eine Brille und wippe wunderbar im Takt. »Uns verbindet die Schüchternheit und Coca-Cola«, sagte sie und strahlte wie nicht von dieser Welt. Ich verabschiedete sie mit den Worten: »Püppi, bitte sprich ihn an, nutze die Damenwahl zur ersten Kontaktaufnahme«, in der Liebe ist doch alles möglich. Auch versäumte ich nicht, ihr nochmals einen Büstenhalter an ihr warmes Herz zu legen und den Rat, die Hände von Spaghettiträgern zu lassen, und ihr den Wunsch mitzugeben, mich auf dem Laufenden zu halten. Sie verschwand genauso lautstark, wie sie gekommen war, sie rief so hell und glockenklar »Schüß dann«, dass unser Bürohund Minuten brauchte, um sich wieder zu beruhigen. Bewaffnet mit einem neuen Rock und meinen Ratschlägen verließ Püppi mein Leben.

Einige Jahre später erhielt ich einen Brief aus den USA. Püppi hatte geheiratet und lebte jetzt in Arizona und hatte nicht vergessen sich zu melden. Sie hatte den Schwarm aus dem Tanzlokal bei der Damenwahl angesprochen und sich verliebt. Das beigefügte Foto zeigte Püppi neben einem Mann mit sehr kurzen Beinen und einem sehr langen Oberkörper. Ein Sitzriese, der ihr bis zur Mitte des Oberkörpers reichte und strahlte wie Bobby Brown. Sie trug ein Top mit hauchdünnen Spaghettiträgern und ich war mir sicher, wenn eines der dünnen Bändchen reißt, wird das Männchen von ihren Brüsten erschlagen. Auf dem Foto war kein Büstenhalter zu entdecken, aber eine Frau, die glücklich strahlte, zwei Spangen zierten ihre Haare, neben ihr ein Mann, der sie vermutlich auch noch liebte, wenn ihr die Brüste an den Kniekehlen hingen, was durchaus im Bereich des Möglichen lag. Sie schrieb: »Ich lerne gerade Rock ’n’ Roll mit Überschlag.« … Mut haben die Amerikaner, auch die kleinen, das muss man ihnen lassen.

Modedesigner, TV-Star, Buchautor:

WAS IST DAS GEHEIMNIS VON GUIDO MARIA KRETSCHMER?

Ihr Danke-schön

PREGO°
KULTURSHOP

€ 10
Gutschein

Große Meinungsumfrage:

Jetzt teilnehmen, Dankeschön sichern und gewinnen!

Blusen und andere Oberteile

*»Wer sich nicht sicher ist, was zu unten passt, der sollte
bei einem Oberteil nicht immer volles Risiko fahren ...«*
GMK

WAS IST EIGENTLICH EIN OBERTEIL?

Wie der Name es schon vermuten lässt, ist es etwas, das am
Oberkörper seinen Dienst erfüllt, und diese Aufgabe kann ganz
unterschiedlicher Natur sein. Vom Verhüllen bis zum »Alles
zeigen« geht die Bandbreite der Oberteile. Das Oben bei einer
Frau ist auch häufig das Zentrum der Aufmerksamkeit. Der
Busen ist, wenn es gut läuft, im oberen Drittel beheimatet und
es heißt, ihn mit einem Oberteil zu schützen, zu stützen, aber
eben auch so zu bekleiden. Wichtig ist bei einem Oberteil, dass
es sich damit gut bewegen, wohlfühlen und weiblich fühlen
lässt. Ein falsches Oberteil hat schon so manchen Look rui-
niert! Ein zu enges Oberteil schränkt nicht nur die Bewegungsfreiheit erheblich ein, sondern ist einfach unbequem und
lästig.

Frauen tragen heute ganz selbstverständlich Blusen, Tops
und T-Shirts. Doch wie immer in der Mode dauerte es eine
Weile, bis sie *en vogue* waren. Als einer der Vorreiter der klassischen Bluse gilt das Garibaldi-Hemd. Der Legende nach trug
der Italiener Giuseppe Garibaldi um das Jahr 1840 immer ein
rotes Oberteil mit weiten Ärmeln. Er war ein Revolutionär;

und so ein früher »Bad Boy«, der so ein Kleidungsstück trägt, weckt dann eben auch das Interesse der Frauen. Die Bluse wurde zum Symbol der Unabhängigkeit und die weibliche Antwort auf das Männerhemd. Dank seiner Knopfleiste und seines Materials, wie Baumwolle, Leinen oder Seide, war dieses Kleidungsstück im 19. Jahrhundert das populärste Oberteil für Frauen und ist es heute noch immer. Das Kombinationspotenzial der Bluse sucht seinesgleichen. Zu festlichen Anlässen oder zum Besuch der Sonntagsmesse wurde die weiße feine Bluse getragen. Die Oberteile der schwer arbeitenden Frauen der Industrialisierung waren Blusen aus robustem Leinen und Baumwolle. Sie bot Bewegungsfreiheit und nahm den Schweiß auf. Die Bluse im klassischen Sinne hat ein knöpfbares Vorder- bzw. Rückenteil. Lange Ärmel mit einer Manschette, ein kleines Bändchen oder ein Gummiband zur Einhaltung der Ärmelweite. Heute gibt es so viele verschiedene Blusenmodelle, sie kommen mit Bubi- oder Stehkrägen daher und haben gern auch einmal Rüschen und Biesen. Unzählige Möglichkeiten wie Taschen, Abnäher und Stickereien zeigen die Vielfältigkeit dieses Kleidungsstückes.

Ein weiteres sehr angesagtes Oberteil und aus keinem Kleiderschrank mehr wegzudenken ist das T-Shirt. Auch hier war es ein »Bad Boy«, der das weibliche Interesse an diesem Kleidungsstück weckte. Das ehemalige weiße Unterhemd war unsere erste Funktionswäsche und aufgrund seiner dienlichsten Aufgabe, Schweiß aufzunehmen, ein eher versteckter Partner, der im Verborgenen seinen Dienst zu erfüllen hatte. Amerikanische Soldaten trugen die engen Unterhemden in glatter weißer und gerippter Baumwolle. Der Hollywoodstar Marlon Brando trug dieses schlichte weiße T-Shirt in seinem Kultfilm *Endstation Sehnsucht* (1951) und löste damit den unaufhaltsamen Erfolg dieses kleinen Stückchens Stoff aus. Er trug dieses T-Shirt in der wichtigsten Liebesszene und somit war das kleine weiße Funktionsshirt aus seinem Schattendasein befreit. Heute ist das T-Shirt aus der Alltagsgarderobe nicht mehr wegzudenken. Das erste Mal wurde das Wort »T-Shirt« übrigens 1920 in Websters Wörterbuch erwähnt. Zu guter Letzt gibt es noch die Kategorie der Tops, die kleinen Helfer, die genug verdecken und ebenso viel Haut zeigen, sodass wir nicht mehr auf sie verzichten können.

WIE UND WOZU TRAGE ICH EINE BLUSE, EIN TOP UND EIN T-SHIRT?

Eine klassische Bluse passt in der Regel zu allem und kann wunderbar kombiniert werden.

Weiße Blusen neutralisieren jeden Style, lassen ihn clean und chic wirken. Die gerade geschnittenen weißen Blusen sind wunderbar zu Jeans und allen Hosen aus Baumwolle und machen jeden Look unkonventionell und unaufgeregt. Sie sind idealer Sommerbegleiter und besonders schön mit natürlichen Knöpfen, wie Perlmutt in all seinen einzigartigen Farbnuancen. Es ist mir immer ein Rätsel, warum Perlmuttknöpfe in Plastik nachgebaut werden, wo es doch dieses einmalige Naturprodukt gibt. Sie erkennen einen echten Perlmuttknopf daran, dass er sich immer etwas kalt anfühlt, wenn sie ihn sich auf die Haut legen. Weiße Blusen sind erste Wahl für einen Hosenanzug oder ein Kostüm und somit der Büropartner Nummer eins. Es gibt Blusen in allen Mustern und Farben, mit den wildesten Applikationen und Stickereien. Erlaubt ist, was gefällt, doch sollten Sie immer darauf achten, ein wildes Oberteil braucht unten etwas Ruhe in Form und Farbe. Mustermix kann wunderbar sein, doch dabei nicht vergessen, dass dieser Look gern einmal etwas aufträgt und Unruhe schafft! Eine neutrale Bluse beruhigt fast jeden Look und lässt Sie immer angezogen wirken. Offen getragene Hemdblusen mit einem tollen Schmuck sind aufregend, modern und kosten nicht die Welt, aber Sie sehen immer gepflegt aus! Vielleicht kennen Sie die Designerin Carolina Herrera, sie trägt ausnahmslos weiße Hemdblusen und sieht genau wie Jane Fonda auch im fortgeschrittenen Alter wunderbar in ihnen aus.

Die mittlerweile so beliebte **Schluppenbluse** ist ursprünglich das Lieblingsteil der Jahrhundertwende gewesen und wurde später in den 1930er-Jahren die seriöse Variante der weiblichen Bluse. Jahrzehntelang war sie die »Uniform der Sekretärinnen« und fehlte in keinem Büro. Zusammen mit einer Brille an einer baumelnden Kette und einer Hochsteckfrisur brauchte es nicht viel Fantasie, um zu erraten, welcher Tätigkeit eine so gestylte Frau nachging. Diese Blusenform ist einfach perfekt zu einer lässigen Jeans, unter einem kleinen Blazer oder einer Oversizedstrickjacke. Die leicht verspannte und angezogene Schluppenbluse ist perfekt für Frauen, die unzählige Kombinationen lieben. Blusen mit Plissee sind elegant und können sehr leicht wirken, aber bergen immer die Gefahr, dass sie extrem auftragen und im ungünstigsten Fall auch noch die Proportion verändern. Tragen Sie plissierte Blusen zu schmalen Unterteilen, und auch unter einem Blazer sind sie wunderbar. Zarte Plissees in Pudertönen sind meine Favoriten und zu schmalen Röcken und Hosen einfach umwerfend. Wichtig ist vielleicht noch ein Hinweis: Bitte bügeln Sie Ihre Blusen. Die schmalen mit genügend Elastan mögen noch so manche Knitterfalte verzeihen, aber die weiten Hemdblusen brauchen den heißen Kontakt zu Ihrem Bügeleisen. Die Fasern lieben die Hitze und Sie pflegen Baumwolle und Leinen noch dazu!

Tops sind die Allrounder der Mode und nicht mehr wegzudenken. Unter einem Kostüm ist ein Top aus Seide oder Jersey der ultimative Partner und die richtige Wahl. Ein Top ist leicht und trägt nicht auf. Es verdeckt im günstigsten Fall den BH und es gibt sie in den verschiedensten Formen und Ausführungen. Die wichtigsten Tops sind mit schmalen Trägern oder auch mit Spaghettiträgern gearbeitet. Es gibt Tops mit überschrittenen Ärmeln, die besonders für etwas füllige Schultern ideal sind. Tops mit aufwendigen Falten und Drapierungen sind Figurenschmeichler und lenken manchmal auch etwas

ab von kleinen Problemzonen. Knopfleisten und kleine Bänder, Schleifchen, Strassapplikationen und Prints sind wunderbare Möglichkeiten, ein einfaches Top aufzuwerten.

Spaghettitops und auch Bandeaus sind praktische Helfer und können toll zu Jeans, kleinen Shorts und langen Sommerröcken aussehen.

WER KANN BLUSEN UND TOPS TRAGEN?

Natürlich sind Blusen für jede Frau eine Option und es gibt keinen Figurtyp, der sie nicht tragen kann. Aber es gilt, einiges zu beachten. Große Größen sollten nicht zu enge Blusen tragen. Eine Bluse, die hinten etwas länger geschnitten wurde, ist der perfekte Kaschierer für den Po und die Hüften. Aufgesetzte Taschen sollten nur Verwendung finden, um fehlende Oberweite zu kaschieren. Eine schmal geschnittene Bluse kann sehr sexy wirken, und wenn Sie nur den Ansatz von einem Spitzen-BH zeigen und einen Knopf zu viel öffnen, sind Ihnen Blicke der Bewunderung sicher! Kleine zarte Elfenfrauen sollten nicht zu große Blusen tragen, da sie schnell wie ein Kittel anmuten können. Die Himmelsmädchen oder Alles-oben-Damen sollten immer Dekolleté zeigen, um harmonisch zu wirken. Jedoch sollten sie vermeiden, die Ärmel zu hoch zu krempeln, da die Stoffmenge ihre üppige Oberweite noch massiver wirken lässt. Schmale, zarte und sehr schlanke Mädchen und Damen können wunderbar eine Bluse knoten, sie wirkt umso lässiger und schafft etwas Volumen.

Eine Bluse mit einer verdeckten Knopfleiste in einer fließenden Seide und einem kragenlosen Schnitt ist ein Must-have für jeden Kleiderschrank. Diese Bluse ist in allen Farben ein exzellenter Begleiter und kann mit einem schönen Schmuck zu fast allem getragen werden. Große Krägen und Unmengen von Rüschen sind nicht mehr so angesagt und zudem auch Proportionskiller. Hemdkrägen sind perfekt und alles, was ein Kragen nicht kann, das zaubern Sie mit Hals, Dekolleté und dem richtigen Schmuck.

Tops gehören zu jeder Frau, sie sind die kleinen Helfer und können ausnahmslos von allen getragen werden! Einzige Einschränkung: Die größeren Figurtypen sollten sie als Basis benutzen und gekonnt mit einer zweiten Lage, in Form einer Bluse oder einer Tunika, tragen. Die schmalen und alle weiblichen Frauen sind mit einem tollen Top, egal in welcher Form, in jedem Sommer gut angezogen. Es gibt die abgeschnittenen, bauchfreien Cropped Tops, die schulterfreien und die Tops mit Spaghettiträgern. Bauchfrei können natürlich auch alle tragen, ob es allerdings eine Freude für Sie und Ihre Mitmenschen ist, das möchte ich mal dahingestellt sein lassen. Ein Top kann immer noch als Unterhemd getragen werden und ist unter jedem Blazer, jeder Bluse oder auch unter einem Pullover ein unverzichtbarer Freund und Helfer. Zudem sind Tops günstig zu haben und warum dann nicht mal eines mehr kaufen …?

T-Shirts sind unsere verlässlichen Freunde, kaum ein Textil ist so oft produziert worden wie eben jenes kleine Stückchen Stoff. Es gibt sie in unzähligen Aufmachungen und Designs und vermutlich haben auch Sie den Schrank voll. Unendlich viele Prints und Variationen von Sprüchen und Logos zieren diese praktischen und schönen Shirts. T-Shirts sind die Werbeflächen fast aller Marken und ihrer Produkte. Ein geschicktes Design und eine gute Marketingstrategie lässt die halbe Welt mit ihnen um den Globus laufen, und so manch einer hat zuweilen keine Idee, was da so alles aufgedruckt wurde.

Die wichtigsten Formen sind das Rundhals- und das V-Neck-Shirt. Es gibt über die Schulter fallende Ausschnitte und kleine Krägen, die dann als Polo bezeichnet werden, wenn das Material ein Pikee ist und das Shirt noch eine kleine Knopfleiste aufweist.

Polos sind auch eine Art von T-Shirt und ein Artikel, der bei Frauen wie Männern sehr beliebt ist. Ein Polo ist nur so schön wie sein Kragen! Diese »Schwachstelle« ist das Problem bei einem Polo, leider auch häufig bei teuren Marken. Poloshirts mit ausgeleierten und lappigen Krägen sind unansehnlich und leider auch nicht mehr zu retten. Kleiner Tipp: Hängen Sie ein Poloshirt nie zum Trocknen an seinem Kragen auf!

Es gibt Shirts mit Ärmeln, halben und gar keinen, dann bezeichnen wir Modemenschen sie allerdings als Singlet oder Trägershirt. Diese Form des T-Shirts ist bei vielen der Sommerhit, und auch ein farbiger BH kann, gekonnt eingesetzt, jung und modern wirken. Frauen mit einer großen Oberweite sollten immer damit rechnen, dass ein T-Shirt nichts verbirgt, und wenn Sie die Blicke der anderen genießen, dann viel Vergnügen …

DER MÄSSIGE UMGANG MIT GEFLÜGEL ODER DAS FLIEGENDE TEXTIL

Nicht alles, was Flügel hat, kann fliegen und einige Vogelarten haben das Fliegen sogar verlernt, sie bleiben lieber am Boden. Wir Menschen stehen aufrecht auf unseren Füßen und können nach oben schauen, wir hüpfen mit aller Kraft und binnen Sekunden hat uns die Erde zurück. Unsere Arme sind keine Schwingen, die uns in die Lüfte heben, egal wie geschickt wir mit ihnen schlagen. Aber unsere Gedanken können fliegen und mit genug Fantasie heben wir ab und sind frei. Selbstständig denken ist auch ein bisschen wie hoch über dem eigenen Sein zu segeln.

Wer wie Ikarus in die Lüfte steigt, der sitzt in aller Regel in einem Flugzeug oder Segelflieger, einem Flugdrachen oder aber in einem Ballon, einem, der mit heißer Luft gefüllt ist. Erfunden von den Brüdern Montgolfier, die im Jahre 1783 den Versuch starteten, den Luftraum zu erobern, weil es uns Menschen immer schon dorthin gezogen hat, wo der Himmel wohnt, über uns, über allem. Ein Weidenkörbchen, eine handelsübliche Gasflasche, ein Brenner, Sandsäcke, und das unter Inanspruchnahme einiger Seile alles an einen großen Ballon zu hängen ist abenteuerlich und mutig gleichermaßen.

Aber auch auf der Erde lässt es sich hin und wieder fliegen. Wer einmal im hohen Bogen geflogen ist, der hätte sich Flügel gewünscht und Schutzkleidung, die Schlimmeres verhindert hätte. Wir fliegen von der Schule und aus einer Stelle, wenn es nicht gut läuft, wir lassen aber auch unsere Gedanken fliegen und in unseren Träumen schweben einige von uns durch die Luft und hin und wieder ist genau dieser Umstand der Grund für die Entlassung. Andrea Berg ist »mit dir so hoch geflogen« und war »dem Himmel ja so nah« und alle singen mit. Wir haben sogar ein Insekt, das wir im Plural »Fliegen« nennen, und die Angehörigen dieser Spezies sind dem aufmerksamen Zuschauer von Krimis wohlbekannt als die Ersten, die kommen, wenn es sich für uns ausgeflogen hat.

Vor nicht allzu langer Zeit hat sich eine Teenagerfliege auf meine Hand gesetzt, sie hat in aller Ruhe mit mir den Nachmittag verbracht, sie saß mal auf dem Stift, mit dem ich zeichnete, dann auf meinem Arm und zu guter Letzt auf meiner Schulter, als wolle sie mir über selbige schauen. Sie hat etwas Wasser geleckt und an einem Krümel genagt und hat sich tadellos benommen. Also, ich mochte sie und habe sie Hildegard getauft, und nachdem sie Stunden mit mir, oder besser auf mir, gesessen hat, habe ich sie in den Garten gebracht. Sie blieb noch etwas sitzen und flog dann ab, und nach einer Runde nahm sie noch einmal kurz auf meiner Schulter Platz, um dann zu verschwinden. Seit diesem Tag ist es mir unmöglich, nach einer Fliege zu schlagen, es könnte Hildegard oder einer ihrer Nachkommen sein!

Aber es fliegen nicht nur Insekten und Vögel, sondern manchmal auch die Röcke, und von einer, die ein großes Verlangen spürte, leicht zu sein, möchte ich Ihnen jetzt erzählen. Sie hatte ein enges Verhältnis zur Luft und allem, was sich bewegte, und konnte sogar einen Heißluftballon fliegen. Sie liebte Kleider und Röcke, die fliegen konnten, und sie drehte sich so gern hin und her, dass es eine Freude war, ihr dabei zu-

zusehen. Sobald sie sich bewegte, lag alle Aufmerksamkeit auf ihr, und obwohl sie sich noch am Boden zu bewegen schien, war sie ein Luftwesen und hob ab. Sie schwebte an einem heißen Sommertag in mein Leben und vom ersten Augenblick dachte ich:»Sie ist ein Vogel.« Sie war klein, ohne dabei winzig zu wirken, aber winzig genug, um immer etwas Angst um sie zu haben. Eine Elfe mit fast durchscheinender Haut, wie die Flügel einer Fledermaus, und ihre Nase war so spitz wie der Schnabel eines Vogels. Sie hatte etwas von einem Küken, aber ohne den Flauschanteil, und sie konnte picken und scharren und war so flink wie eine Bachstelze. Als sie einmal etwas auf ihre Anprobe warten musste, da haben wir sie schneller bedient als geplant, da wir dachten, sie scharrt mit ihren Schuhen den Parkettboden durch, wenn es noch etwas länger dauert. Auch machte sie vogelähnliche Geräusche, sie piepte zwischen ihren schnell gesprochenen Sätzen, und wenn sie sich entspannte, dann machte sie wie das Lieblingshuhn meines älteren Bruders »Pooogg«. Das Huhn hieß Gertrud und war eine schwarze Legehenne. Sie war der Spielkamerad meines Bruders, und die viele Zeit, die sie zusammen verbrachten, nutzte er, um ihr einige Kunststückchen beizubringen. Na ja, Tricks ist vielleicht etwas viel gesagt, aber er war der festen Überzeugung, dass, wenn er »Hopp, Gertrud« sagte, der Vogel von seiner rechten in die linke Hand springen würde. Ich habe es nie gesehen und leider auch nicht die 500 Schüler in unserer Aula, die dem ersten Auftritt der beiden beiwohnen durften. Es hat Jahre gebraucht, bis das Huhn in der Erinnerung so einiger verblasste. »Gertrud Hopp« ist ein fester Bestandteil meiner Familie und die Gute ist erst Jahre später altersschwach von der Stange gefallen. Sie war eine Seele von Huhn und vermutlich eine große Künstlerin und irgendwie meine erste

Schwägerin, da sie die erste feste Freundin meines Bruders war. Ich bin froh, dass ich zu diesem Zeitpunkt noch nicht mit Thomas Gottschalk bekannt war, ich bin mir sicher, er hätte sie gewollt und »Gertrud Hopp« hätte die Wette verloren. Sollte jemals ein Junge mit einem Huhn zum Supertalent kommen, ich werde die beiden eine Runde weiterkommen lassen, egal wie wenig der Federvogel kann, es wäre meine Wiedergutmachung.

Aber zurück zu meinem »Fluggerät« mit zwei dünnen Beinchen und einem schulterlangen grauen Bob, der seine Bahnen in die Luft schrieb, sobald sie sich drehte. Ich hatte nicht einmal das Gefühl, ihr je richtig in die Augen geschaut zu haben, da sie hinter ihrem dichten langen Pony nicht zu erkennen war. Die Nase, die an einen spitzen Schnabel eines Vogels erinnerte, war das einzige, was durch die Haare schaute, und es war immer ein großes Vergnügen, wenn das Köpfchen sich wieder bewegte und ihr Gesicht für Sekunden zum Vorschein kam. Ein seltsames Menschlein und ein eigenwilliges noch dazu, aber freundlich, und es hätte mich nicht gewundert, wenn sie in einem Nistkasten gewohnt hätte. Einmal habe ich hinter ihr den Finger ausgestreckt und leise »Gertrud, hopp« gesagt, aber sie war auch ein störrisches Huhn und schlecht zu trainieren.

Diese Vogelfrau hatte einen Sohn und der hatte nichts von der Leichtigkeit seiner Mutter. Seine Erscheinung, wenn es der Vergleich in der Zoologie zulässt, eher ein Walrösschen, um es vorsichtig auszudrücken. Er war der absolute Gegenentwurf, und wie er überhaupt aus dieser kleinen Frau geschlüpft sein konnte, ist eines der Wunder des Lebens. Sicher, zu diesem Zeitpunkt war er auch nur ein Säugling, aber es musste etwas falsch gelaufen sein bei der späteren Fütterung.

Sie brachte ihn an einem Nachmittag mit in mein Atelier, er war sicher schon Anfang der Vierziger und ein klassisches Riesenbaby, das es sich im Hotel Mama gemütlich gemacht hatte. Auf den ersten Blick war klar, er war unvermittelbar, und als er mir die Hand gab, da spürte ich diesen nassen Griff, wodurch seine Chancen auf dem Heiratsmarkt noch einmal erheblich sanken. Seine Mutter ließ nichts unversucht, den Sohn an die Frau zu bekommen, irgendeine, um genauer zu sein. Einmal sagte sie zu mir: »Er bekommt ein kleines Vermögen, haben Sie nicht eine in der Hinterhand, die ihn heiratet? Hier gibt es doch sicher ein nettes Mädchen?« Nein, das hatte ich nicht und ich weiß, es verbietet der Anstand, diesem Mann nicht auch eine Partnerin zu gönnen, aber ich hatte Verständnis dafür, dass auch ein Millionenerbe ihn nicht attraktiver machte. Er war wirklich nicht sehr gelungen und es würde mich nicht wundern, wenn die Mutter ihr Haar nicht auch ein wenig wegen ihm zu lang vor den Augen trug.

Er schwitzte so stark, dass er immer einige Hemden zum Wechseln dabeihatte, und hätte er doch nur die trockene Art seiner Mutter gehabt, dann bin ich mir sicher, es hätte die eine oder andere gegeben, die beide Augen zugedrückt hätte. Selbst eine Anzeige in der Süddeutschen, »vermögender Alleinerbe«, hatte nicht die ersehnte Schwiegertochter gebracht und ich glaube, es lag nicht nur an der Optik und der Hyperhidrosis. Er war so schrecklich uncharmant und er trank immerzu Cola und quengelte wie ein Kind. Zu allem Übel hatte er die Angewohnheit, »äh« zu sagen, und das ist, wenn es nach jedem zweiten Wort geschieht, auch nicht wirklich gut zu ertragen.

Er wünschte sich allerdings eine Freundin, und als ich ihn einmal fragte, wie sie denn in seiner Vorstellung auszusehen habe, da war endgültig klar, er hatte nicht alle Tassen im Regal und noch nie in den Spiegel geschaut! Er war zu allem Übel noch ein unverbesserlicher Macho und nach dem zweiten »äh«, da war es so sicher wie bei unserer guten Gertrud, er würde nie »hopp« machen können, nein, das würde er nicht. Später erzählte mir die Mutter, dass eine Dame sich auf die Kontaktanzeige gemeldet und sich im Nachhinein als eine Prostituierte herausgestellt hatte und ein sehr nettes Mädchen gewesen wäre, aber auch sie hatte verzichtet. Geld allein macht auch nicht begehrenswert. Sie bekam ihn nicht los und ich schlug vor, ihn doch in eine eigene Wohnung mit Putzhilfe zu verfrachten. Doch die Aussicht, sein Leben mit Playstation und Pizzataxi verbringen zu können, reichte wohl auch nicht, ihn in die Selbstständigkeit zu bewegen.

Vielleicht haben es ihr die Fahrten in ihrem Ballon leicht gemacht, zu schweben über dem Alltag und der Verantwortung für den Sohn. Immer wenn sie mir von den Reisen in ihrem Ballon erzählte, dann hörte ich mit Spannung zu und war mir sicher, niemals diese Freude mit ihr zu erleben. Ich sollte mich gewaltig irren, da sie mir zu meinem Geburtstag einen Flug schenkte und mich überredete mit ihr zu fliegen. Tellerröcke können auch fliegen, sagte sie zu mir, während ich den Saum absteckte, und gleich drehte sie sich wieder und ich musste lachen und sagte: »Ich mach es, ich fliege mit Ihnen.« Meine Einschränkung, nicht so hoch zu steigen und auch nicht zu weit zu fliegen, lächelte sie weg.

Weit schwingende Röcke brauchen etwas Schmales oben, und wenn nicht möglich, dann zumindest an der Taille etwas Körpernähe. Meine Kundin kombinierte immer einen Pullover und eine für meinen Geschmack viel zu weite Strickjacke. Damit sah sie immer unförmig aus und wurde ihrer zarten Gestalt nicht gerecht. Der einzige Grund für sie, von mir Angefertigtes zu tragen, war wohl ihre schmale Taille und dass Tellerröcke im Handel nicht immer zu bekommen sind. Ein weit schwingender Rock ist ein nicht zu unterschätzender Materialverbraucher, da seine Bahnen rund aus dem Stoff geschnitten werden. Sollte dann noch ein Muster zum Einsatz gekommen sein, dann gehen der Materialverbrauch und der damit verbundene Verschnitt ins Beachtliche. Um mich bei ihr für die freundliche Einladung zu einer, sagen wir mal, nicht besonders stark ersehnten Reise mit ihrem Heißluftballon zu bedanken, hatte ich mir etwas ganz Besonderes ausgedacht. Ich suchte fast alle noch vorhandenen Stoffstückchen ihrer Röcke zusammen und baute eine hoch komplizierte Collage in Form eines schwingenden Rockes zusammen. Jetzt bin ich nicht der ausgeschriebene Fan von Mustermix, aber ich muss an dieser Stelle sagen, es war gelungen und eine reizvolle Kombination und eine kleine Handwerkskunst. Mit Sicherheit hatte und sollte ich nie wieder so viel Zeit mit einem Tellerrock verbringen dürfen! Ich verbrachte Tage damit, den Stoff zu schneiden und ihn zusammenzunähen, zudem war ich mehrmals an dem Punkt, die komplizierte Arbeit zu beenden und nach einer hoffentlich sicheren Landung mit einem Blumengruß meine Dankbarkeit zum Ausdruck zu bringen. Eine befreundete Designerin, die mich in meinem Atelier besuchte, war so begeistert von der Kreation und dem Verlauf der verschiedenen Muster, dass sie mich für diese Fleißarbeit für den Friedensnobelpreis vorschlagen wollte oder alternativ den Rock direkt an das Kostümmuseum im englischen Bath zu überstellen gedachte.

Der Morgen meines ersten Ballonfluges begann mit erheblicher Verzögerung, denn mein Auto war noch nicht wieder eingetroffen, da es zusammen mit meiner lieben Mitbewohnerin Urlaub bei ihren Eltern machte und die beiden spontan entschieden hatten, noch einen Tag länger zu bleiben.

Der Flugplatz lag außerhalb der Stadt und es kostete mich etwas Mühe, das Ziel pünktlich zu erreichen. Im Nachhinein muss ich sagen, meine verspätete Ankunft hatte den Vorteil, nicht bei dem zeitaufwendigen Aufbau dabei gewesen zu sein, was mir der spätere Abbau deutlich zeigte. Zudem stand der Ballon schon in seiner vollen Pracht und war sozusagen »abfahrbereit«. Es wurde übrigens nie von fliegen gesprochen, sie sagen fahren, und warum das so ist, ist mir schleierhaft. Ich kann nur so viel sagen, ich bin dann später für mein Empfinden – geflogen!

Das Flugfeld, oder sagt der gemeine Ballonfahrer Parkplatz, wer weiß das schon, war gut besetzt, da sicher an die 10 Fluggeräte auf ihren Start warteten. Ich muss schon sagen, es gab auch Abenteuerliches: neben den üblichen Ballonformen eben auch eine Art Glücksschwein und eine Tüte Kölner Zucker. Ich wäre nie in die Zuckertüte gestiegen und auch der Einstieg in meinen Ballon kostete mich erhebliche Überwindung. Den Umstand, dass der Ballon meiner Kundin mit einer Versicherungswerbung versehen war, deutete ich als ein gutes Zeichen, da ja bekanntlich diese Unternehmen genau prüfen und einen möglichen Absturz nicht in Kauf nehmen würden, das hoffte ich zumindest. So ein Korb ist nicht sehr groß und es liegt auch so einiges rum, was den Aufenthalt nicht unbedingt gemütlicher macht. Aber als kein Geringerer als das Riesenbaby unter Mithilfe einiger Helfer in unseren Korb gehievt wurde, da war ich geneigt, laut »Nein!« zu rufen und das Körbchen schlagartig zu verlassen. Meine Enttäuschung über den Mitreisenden in Kombination mit der zu erwartenden Flugangst ließen mich nur »Hallo« sagen.

»Hallo« war eigentlich das Letzte, was ich zu ihm sagen wollte, ich hatte jetzt einfach nur noch Bedenken, ob wir überhaupt jemals abheben würden. Schweißnass winkte er wie von Sinnen allen zu und rief pausenlos:»Jetzt gehts los, hallo, jetzt gehts los …«»Frommer Wunsch«, dachte ich. Wir verloren den Kontakt zum Boden und es hatte etwas Magisches, das muss ich an dieser Stelle schon sagen, ich flog, die anderen fuhren, selber schuld, dachte ich noch! Der schwitzende Sohn hörte erst dann auf,»Hallo, hallo« zu rufen, als die Mutter ihm ein Butterbrot anbot. Immer wenn er sich bewegte, dann hatte ich Angst, da die heiße Luft nicht wissen konnte, wie er aussah, und die Schwerkraft eine nicht zu unterschätzende Größe ist.

Wir flogen über die Welt, es war wunderbar und der Wind brauste uns um die Ohren. Nach einer geraumen Zeit hatte ich mich auch an das Geräusch gewöhnt, das unser Gasbrenner immer wieder von sich gab. Meine Kundin strahlte über das ganze Gesicht, und hier oben in der Luft, da hatte ich die ganze Zeit freien Blick auf ihr Gesicht, und als ich ihr sagte:»Sie sind ein Vogel, ich wusste es seit dem ersten Augenblick«, da lächelte sie und sagte:»Und Sie ein Schatz.« Es war ein so schöner Augenblick, und noch heute, viele Jahre später, bin ich ihr noch unendlich dankbar dafür, und genau in diesem Moment des absoluten Glücks, da überholte uns die Zuckertüte! Es mag sich jetzt vielleicht pathetisch anhören, aber seit dem Tag hatte ich immer das Gefühl, es wird vielleicht gut gehen, mit meinen Träumen. Um meiner Dankbarkeit Ausdruck zu verleihen, war der perfekte Zeitpunkt gekommen und damit der Moment, ihr mein Geschenk zu überreichen. In windigen Höhen holte ich das Paket mit der Fleißarbeit aus meiner Tasche und gab es meiner Vogelfrau. Als sie den Rock in den Händen hielt, da sagte sie so etwas wie:»Wie wunderschön«, und zu ihrem Sohn: »Schau mal, was der Guido für mich gemacht hat.« Der Unsägliche griff nach dem Rock und sagte noch etwas wie: »Schau mal, wie er flattert …«, und da flog er auch schon davon. Einfach so tanzte er im Wind und ich konnte nur noch sagen: »Schauen Sie einmal, wie schön er fliegt«, und dann sagte sie: »Ich hoffe, er landet in einem Wohngebiet.« Er flatterte langsam davon und es brauchte eine lange Zeit, bis ich ihn nicht mehr erkennen konnte. Er war verschwunden und ich weiß nicht, ob er überhaupt jemals gefunden wurde, vielleicht ist er auch auf einer Wiese gelandet und verging mit den Jahren. Sollten Sie ihn gefunden haben und er in Ihrem Schrank ein neues Zuhause gefunden haben, dann wissen Sie jetzt, er war ein Meisterstück und ist vom Himmel gefallen wie Ikarus und er verabschiedete sich in einem Moment des vollkommenen Glückes!

Röcke

»Schöne Röcke sind nicht immer kurz,
kurze Röcke nicht immer schön.«
GMK

WAS IST EIGENTLICH EIN ROCK?

Der Rock ist ein Kleidungsstück, das ab der Taille den Unterkörper und die Beine verdeckt. Röcke werden vor allem nach ihrer Länge eingeteilt und dann erst in die verschiedenen Verarbeitungen und unterschiedlichen Designs. Es gibt die Minilänge und die endet unter dem Po und geht dann Richtung Knie. Je näher der Rocksaum jedoch der Kniekehle kommt, desto weniger ist er ein Minirock. Wenn das Knie knapp bedeckt ist, dann spricht die Modewelt von einem Midirock. Der Rock, der bis an die Fußknöchel reicht, ist der Maxirock.

Am Anfang war nicht nur das Feuer, sondern sicher auch der Rock. Der Urmensch hat sich sicher etwas Leder, Fell oder ein großes Blatt um die Hüften geschnürt und der Lendenschurz war geboren oder der erste Minirock hockte am Feuer und knabberte an einem Knochen. Röcke wurden kostümhistorisch betrachtet immer von beiden Geschlechtern getragen und erst im 14. Jahrhundert kannten wir die ersten Vorläufer der Hosen, den Halbrock. Ein unten zugenähter Rock, mit zwei Öffnungen für die Beine. Ab dem 15. Jahrhundert wurde der Rock immer mehr zum Kleidungsstück der Frauen. Es gab weiterhin Kleider, aber die Trennung von Unter- und Oberteil ließ den Rock als eigenständiges Kleidungsstück immer populärer werden. Auch heute gibt es noch einige Kulturen, für die der Rock das wichtigste Kleidungsstück für beide Geschlechter ist. Der Sarong und der Longyi sind für Frauen und Männer in Indonesien Basiskleidung. Der Kikoi ist der Rock der Afrikaner, ebenfalls getragen von beiderlei Geschlecht. Der Pareo ist auch ein Rock und seine heutige Nutzung als beliebter Schal ist eigentlich eine Zweckentfremdung. Ausnahme in unseren Breiten sind die Schotten, die mit ihren Kilts einen Männerrock geschaffen haben, der mit seinem Muster auch noch den jeweiligen Clan repräsentiert. Es ist unglaublich, wie viele verschiedene Schottenmuster es gibt. Auch in Albanien und Griechenland gibt es noch den Rock für den Mann.

Für unsere lieben Schweizer Nachbarn heißt ein Rock Jupe und Rock ist ein Kleid. Die Mode kennt eine Vielzahl von verschiedenen Rockmodellen und die wichtigsten möchte ich Ihnen vorstellen. Vielleicht macht es Ihnen etwas Lust auf dieses wunderbare Textil, den mehr Frauen tragen können, als Sie vermuten.

WAS FÜR ROCKFORMEN GIBT ES UND WER SOLLTE WELCHES MODELL TRAGEN?

Der Bleistiftrock oder Pencilskirt

… ist ein schmaler Rock und etwas höher in die Taille geschnitten. Er ist mit seiner engen Form die weiblichste Rockform, die wir kennen. Er ist ein perfekter Begleiter zu schmalen Blazern und ein beliebter Kostümpartner. Durch seine über die Taille reichende Höhe ist er ein Figurenschmeichler und lässt die Beine länger wirken. Er ist in der Regel hinten einfach oder doppelt geschlitzt und macht einen schönen Po und streckt den Unterkörper. Diese Rockform ist ein Klassiker und kann von schlanken und zarten Frauen natürlich perfekt getragen werden. Aber er ist auch die Form der weiblichen Rundungen, ein Bleistiftrock macht eine aufregende Silhouette. Alle Pumps mit Absätzen, die gern auch einmal etwas höher ausfallen dürfen, verstärken noch den sexy Look dieses Rockes. Ein Pencilskirt mit einem engen Pullover und einer schönen Brosche, einem kleinen Taillengürtel und einem schönen High Heel ist elegant und aufregend. Die Kombination mit einem weiten Oberteil ist ein spannender Look und ist ideal für Frauen, die etwas »Taillengold« verbergen wollen. Bleistiftröcke sind mit Blusen und kleinen Jacken ein Hingucker und absolut bürotauglich. Kastenförmige Oberteile sind modern und mit dieser schmalen Rockform absolut angesagt. Diese Röcke wollen gern etwas wackeln, bewegen Sie ruhig ihre Hüften und genießen Sie das Gefühl, eine Frau zu sein.

Der Minirock

… erfunden in den 60er-Jahren von Mary Quant, einer englischen Designerin. Das Model Twiggy, die auch als die »teuerste Bohnenstange der Welt« bezeichnet wurde, war die Ikone dieses kurzen Rockes und Vorbild für junge Frauen. Der Minirock war wie kaum ein anderes Kleidungsstück eine Revolution und Auslöser für endlose Diskussionen mit Eltern und ihren Töchtern. Der Minirock war Kult und junge Mädchen und Frauen wollten ihn tragen. So viel Bein hatte die Welt zuvor noch nie an Frauen in der Öffentlichkeit gesehen. Heute sind diese kurzen Röcke immer noch angesagt und die Formenvielfalt und die abenteuerlichsten Materialien lassen diesen Kleinen nicht aus der Mode kommen. Er ist geeignet für Frauen mit schlanken und wohlgeformten Beinen. Die kleinen Elfen können wie die Alles-oben-Mädchen natürlich Miniröcke tragen, sollten aber bei Materialien wie Leder und glänzendem Lack nicht unterschätzen, dass dieser Look eine eindeutige Anziehungskraft hat. Miniröcke können sexy, aber auch lässig gestylt werden, eine Strumpfhose und ein lässiger Boot lässt den Look rockig wirken. Minirock und enges Shirt sind ein beliebter Style für einen Club, und ein Paillettenstoff unterstützt noch einmal den Discolook. Ein kurzer Minirock mit einem XL-Pullover kann angezogen wirken, wenn Leggings und ein schöner Schuh dazu kombiniert werden.

Wickelröcke

… sind nicht nur praktisch und beliebt im Sommer, sondern können auch im Winter in einer schönen Wollqualität einen ganz besonderen Reiz haben. Diese Rockform ist offen verarbeitet und besteht aus einem geraden oder leicht angeschnittenen Stück Stoff mit einem Bindegürtel, der lässig auf der Hüfte oder auch in der Taille getragen werden kann. Ein Wickelrock wird häufig im Ethnostil oder in farbenfrohen Drucken angeboten. Dann sollten Sie immer schlichte Oberteile dazu kombinieren. Ein Wickelrock ist immer etwas voluminöser durch die übereinanderliegenden Stoffbahnen, ein schmaleres und körpernahes Oberteil ist dann immer von Vorteil. In einer meiner letzten Kollektionen habe ich einen schwarzen Wickelrock in einer fließenden Wolle und mit großen aufgesetzten Taschen entworfen. Ich habe ihn kombiniert mit einem schlichten dunkelgrauen Pullover, einer weißen Bluse, einem Ledergürtel, dunkelgrauen Wollstrümpfen und einem schwarzen Ankle-Boot. Ein wirklich schöner Look, und ich habe eine

Kundin von mir in einer Hotel-Lobby getroffen und sie trug genau diesen Style. Sie sah umwerfend aus mit ihren grauen Haaren und ihren sicher schon siebzig Jahren. Später im Aufzug musste ich lächeln und dachte, was für einen schönen Beruf ich doch habe.

Glockenrock

Dieser Rock besticht durch seinen weiten Saum. Er ist aus einem kreisförmigen Stück Stoff gearbeitet und ist an der Taille schmal und läuft zum Knie weit aus. Diese Form war der Lieblingsrock der 50er-Jahre und er wurde in dieser Zeit gern mit einem Petticoat getragen. Die schmale Taille wirkte durch die Saumweite noch schmaler und es ließ sich ausgelassen in ihm tanzen und durch die Luft schleudern. Noch heute findet dieser Rock mit dem Lebensgefühl der 50er-Jahre seine Anhänger. Glocken oder Tellerröcke brauchen eine Taille und ein schmales Oberteil. Tops mit großen Ausschnitten, schmale Blusen und Korsagen passen hervorragend zu diesen weiten Röcken. Ballerinas und Pumps sind die erste Schuhoption. Die weiten Röcke sind geeignet für Frauen, die keine oder auch etwas zu viel Hüfte haben. Besonders sollte bei dieser Rockform darauf geachtet werden, dass die Oberteile nicht zu voluminös wirken und sie immer Ihre Taille zeigen müssen.

Der Rock in A-Form

Dieser leicht ausgestellte Rock ist der für alle. Jede Größe kann diesen Rock tragen. Eine schmale Taille, eine leicht ausgestellte Hüfte und ein schwingender Saum machen diesen Rock perfekt. Tragen Sie ihn mit Blazern, schmalen Oberteilen und Blusen. Modemädchen tragen ihn mit einem kurzen Kastenoberteil oder bauchfrei. Dieser Rock ist auch mit Eingrifftaschen und einem Gürtel praktisch und modisch. Kombinieren Sie ihn mit Stiefeln, Pumps und Boots, er ist ein Multitalent und er sollte in Ihrem Schrank und in Ihren Kombinationen einen festen Platz haben. Er ist schön zu kurzen Mänteln, und auch zu einem Blouson oder einer kurzen Lederjacke können Sie ihn kombinieren. Es gibt diese Form selbstverständlich auch in der durchgeknöpften Variante. Dieser Schnitt ist auch häufig Grundlage für Faltenröcke und auch für die plissierte Variante. Der Rock in der A-Form braucht keinen Schlitz und ist am häufigsten knieumspielt.

Der Tulpenrock

Diese Rockform ist nicht in Holland erfunden worden und Frau Antje hat vermutlich auch keinen Käse damit durch die Niederlande gerollt. Die Form der Tulpe stand Pate für diesen eigenwilligen Rock. Erstaunlicherweise habe ich meinen ersten kleinen Preis genau für so einen Tulpenrock mit einem Blazer bekommen. Er ist ein Modell, das als eigenwillig zu bezeichnen ist und immer nur von wenigen Frauen getragen wurde. Dieser Rock hat eine schmale Taille und macht einen sanften Übergang von oben zur Hüfte. Seine Weite erhält dieser Rock durch eingelegte Falten, die sich aber nach unten wieder etwas verschmälern. So entsteht die Blütenform und die tulpige Optik. Dieses Modell war in meinem Siegerlook aus dunkelrotem Wollcrêpe gearbeitet und hatte einen aufwendig in schmale Falten gelegten Bund. Er wurde später produziert von einem Modeunternehmen und erhielt den Namen Erika. Von dem Preisgeld kaufte ich mir meinen ersten Bügelautomaten. Der Rock hatte mir Glück gebracht, der Bügelautomat allerdings nicht, er hatte sich genau einen Tag nach Ablauf der Garantie dazu entschieden, nicht mehr zu dampfen.

Immer wenn ich einen Tulpenrock entwerfe, oder auch jetzt hier an meinem Schreibtisch sitze und dieses Buch schreibe, muss ich an den Tag denken, als der Bügelautomat kam. Er war so groß, dass er nicht durch die Wohnungstür ging. Meine damalige Vermieterin, die gute Frau Blume, erlaubte mir dann den Riesenautomat im Treppenhaus stehen zu lassen und vor der Tür zu bügeln. Als kleinen Dank an die Blume und meine lieben Nachbarn dämpfte ich immer wieder etwas für sie auf. Vermutlich hat er das zugige Altbautreppenhaus nicht vertragen … Den Tulpenrock können Frauen tragen, die etwas an den Hüften »dazuschummeln« wollen, also die sympathischen Bretter. Er macht eine feminine Figur und kann auch ein leichtes »Zuviel« elegant umspielen. Die Perfekten, die Elfen, die Alles-oben-Mädchen und natürlich die Walküren können diesen Rock tragen. Die lieben Händchen der Alles-unten-Damen und Buddhagirls sowie die der Kugelfische sollten von dieser Rockform gelassen werden. Kombinieren Sie ihn mit etwas Körpernahem und gern mit Blusen und Jacken. Besonders schön zu Tulpenröcken sind schmale Twinsets, und auch ein enger Pullover ist mit einem schönen Schmuck eine gute Wahl. Und denken Sie immer daran: Ein gut sitzender Rock ist eine gute Anlage, er schenkt Ihnen Bewunderung.

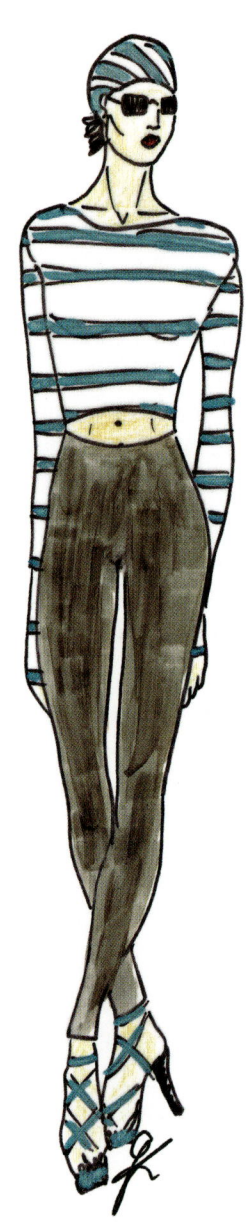

LEGGINGS ODER
DAS LIPPENBEKENNTNIS

Mein Vater sagt immer: »Leggings sind auch keine Lösung«, was zugegebenermaßen nicht dem Umstand geschuldet ist, dass er sich mit engen Beinkleidern auskennt, geschweige denn jemals Leggings getragen hat. Das vermute ich zumindest und ich glaube nicht, dass meine Eltern noch eine Geschlechtsumwandlung planen. Aber was wäre gewesen, wenn mein Vater eines guten Tages lieber Mutti gewesen wäre? Operationstechnisch wäre es wesentlich aufwendiger, meine Mutter zum Mann umzubauen, von daher wäre mein Vater die einfachere Wahl gewesen. Wenn in unserer Gesellschaft ein Mann einen Rock anzieht, dann ist das nicht vergleichbar mit dem, was eine Hose mit einer Frau macht. Frauen haben sich ihre Hosen erkämpft, weil Männer dachten, sie würden ihnen gehören. Das gilt aber nur für unsere westliche Welt. Jetzt ist ein Schottenrock auch nicht gerade eine Hose, aber eine Ausnahme, und die Tatsache, dass unter diesem keine Unterwäsche getragen wird, macht die Sache auch nicht gerade schöner. Es braucht sicher eine Menge Mut, sich und der Welt einzugestehen, von einer anderen geschlechtlichen Identität zu träumen, und wir als Gesellschaft sollten es unterstützen und uns nicht darüber amüsieren, da es morgen unsere eigenen Kinder oder Enkel sein könnten, die von einem anderen Geschlecht träumen.

Der Mann, von dem ich jetzt erzählen möchte, wollte nicht ständig als Frau leben, aber er fühlte gern Kleider an seinem Körper und liebte Leggings und Stöckelschuhe. Er war eine Teilzeitfrau. Leggings waren für ihn definitiv eine Lösung und ein Vergnügen. Hosen hießen in der Vergangenheit Beinkleider, was ja schon so einiges erklärt. Wenn Hosen knalleng sind und keine Taschen haben, sind sie nicht gleich eine Leggings. Sie ist ein Grenzgängertextil, aber was unterscheidet eine Leggings von einer Strumpfhose? Ist es nur das fehlende Fußteil? Wohl kaum. Wer geht schon gern nur mit einer Strumpfhose bekleidet einkaufen und fühlt sich dabei gut angezogen? Eine genauso eng sitzende Leggings ist aber für einige von uns eine gute Wahl, und das nur weil etwas Stoff am Fuß fehlt. Der Zauber der Leggings liegt wohl nur in dem Gefühl, dass sie schlank machen, und das auch wenn bei so manchen die Empfindung für den eigenen Körper in keinem Verhältnis zur Realität steht. Wer hat denn schon Augen am Hinterkopf? Was von vorn passabel ist, kann an der Rückseite eine ganz andere Aussage und Optik haben. Der Vorteil von Übergewicht ist in diesem Fall Gnade und Unheil gleichermaßen, denn wer sich nicht mehr ganz so einfach um 180 Grad eindrehen kann, der hat auch kein rückseitiges Spiegelbild. Sollte eine Webcam uns eines guten Tages Bilder von unserem eigenen Hintern ständig auf unser Mobiltelefon senden, dann bedeutet es sicher für einige von uns das Ende der Leggings, auch ich würde dann die Finger von zu engen Hosen lassen. Aber frei nach dem Motto, was ich nicht weiß, macht mich nicht heiß, und was ich nicht sehe, geht mich auch nichts an, bleiben wir dabei. Aber unser »Hinten« ist für unsere Mitmenschen leider auch immer mal wieder »vorne«. Wie so häufig im Leben, Ansichtssache. Leggings haben die Welt erobert und es gibt keinen Kontinent auf unserer Erde, der von der Welle verschont geblieben bzw. nicht beglückt worden wäre. Aber nicht nur textile Modetrends ziehen über den Globus, unzählige Kreationen des täglichen Lebens begeistern die Menschen weltweit. Wer kennt nicht die hässlichen Gartenstühle aus weißem Plastik, die auch die Welt erobert haben. Es gibt doch kein Bistro in Thailand, keine Gartenlaube in Deutschland und keinen Imbiss im südamerikanischen Hochland, wo nicht einer dieser Presslinge Sitzpartner spielt. Wie kommt es, dass etwas eigentlich so Hässliches uns so gefällt, und das weltweit? Mich würde es nicht wundern, wenn bereits die letzten Ureinwohner am Amazonas auf so einem Plastikstühlchen ihren Buschfeierabend genießen und froh sind, dass es sich so gut reinigen lässt. Sollte die Welt untergehen, der weiße Plastikstapelstuhl wird nicht vergehen, Gleiches gilt vermutlich auch für Polyesterleggings in Leoprint.

Der Wunsch, uns zu schmücken und hübsch zu machen, ist so alt wie unsere Menschheitsgeschichte. Warum soll es nicht auch Männer geben, die gern einmal Weiblichkeit am eigenen Leib spüren und erleben wollen? Hin und wieder möchte auch ein Familienvater und Angestellter im gehobenen Dienst nach Feierabend etwas träumen und eine Frau sein. Er kam zum ersten Mal kurz vor Ladenschluss und es war nicht unbeabsichtigt von ihm, der letzte Kunde des Tages zu sein.

Meine damalige Storemanagerin war eine tolle Frau und ein sensibler Charakter. Er bat um einen kurzen Moment und erzählte uns von seinem Wunsch, Mode für sich zu kaufen und, ganz wichtig, eben auch anzuprobieren. »Kleider und Leggings, um genauer zu sein«, sagte er. Der einzige Wunsch, den er hatte, war ernst genommen zu werden und einfach eine Kundin sein zu dürfen. »Nichts leichter als das, eine Feierabendkundin ist uns immer willkommen«, sagte die Storemanagerin, und ich war in diesem Moment glücklich und dankbar, sie eingestellt zu haben! Der Mann, der jetzt lächelte, sagte nur:»Ich danke Ihnen«, und wusste hier einen Platz gefunden zu haben. So wurde an manchen Tagen der Laden für einen Mann etwas länger geöffnet und der geschützte Raum gab ihm die Sicherheit, diese Seite auszuleben. Ich habe mich nie gefragt, was wohl diese Eigenart ausgelöst hat. Warum auch, es ist die Freude am Weiblichen, warum sollte ein Mann nicht auch in einem Kleid eine gute Zeit haben und in seinem Fall auch noch eine gute Figur? Mir macht es ja auch eine immerwährende Freude, Kleider zu entwerfen, und den Kreationen ist es völlig egal, wer sie in das Leben hinausträgt.

Er war ein großer schlanker Mann Mitte dreißig mit feinen Gesichtszügen, markanten Augenbrauen und durchaus als attraktiv zu bezeichnen. Stets perfekt gekleidet in Anzug und Krawatte, nur sein Aftershave war etwas zu blumig für einen Familienvater. Er hatte drei Kinder und eine Frau, die er sehr liebte, genauso wie schwingende Kleider und Leggings, scherzte er einmal. Er wollte keine Perücke, keinen roten Lippenstift, er war ein Mann mit dem Wunsch, durch unseren Laden zu stöckeln, und wollte Normalität. Nichts weiter, außer selbstverständlich weibliche Mode tragen zu dürfen. Die Selbstverständlichkeit, mit der meine Mitarbeiterin ihn bediente, war herzerwärmend und zeigte mir an jedem dieser Tage, was für eine besondere Person sie war. Doris, ich danke Dir! Sie legte einfach einen Schalter um und ich war mir sicher, es war ihr sehnlichster Wunsch, diesem Mann eine Vertraute zu sein. Oft war ich nur Beobachter und sah zu, wie die beiden harmonierten. Nie haben wir nur einen Moment verschwendet, uns darüber Gedanken zu machen, und erst jetzt, Jahre später, fällt mir auf, wie schön genau dieser Umstand doch war. Jetzt frage ich mich gerade, ob unsere Vorfahren in der Höhle wohl auch einen Mann in der Sippe hatten, der lieber mit den Urmädels am Feuer plauderte, während die Kerle auf der Jagd waren. Der Daheimgebliebene hatte dann Zeit, den Mädels das Haar einzuflechten, aus den Knochen was Hübsches zu basteln und am lautesten Hurra zu kreischen, wenn die Männergruppe zurückkam. Ich bin mir sicher, in jeder zweiten Höhle schlich eine Conchita Wurst herum.

Unser neuer Kunde konnte von der Stange kaufen, er passte erstaunlicherweise fast in jede Kreation. Er probierte gern und vieles, gekauft hat er immer nur ein Teil. Wir hatten keine Idee, wie er die Kleider vor seiner Familie versteckte, und immer wenn er mit einer Tüte den Laden verließ, machte es uns auch ein wenig traurig. Diese Kleider gingen nicht aus, wurden nicht bewundert und als Neuanschaffung in den Kleiderschrank verstaut. Später habe ich erfahren, dass er sie weggeworfen hat, er traute sich nicht, uns darum zu bitten, sie für ihn aufzubewahren. Wenn er etwas tragen konnte, dann waren es Leggings. Schlanke Beine und Leggings sind eine optimale Verbindung.

Er konnte erstaunlich gut auf High Heels laufen, und ich habe mich des Öfteren gefragt, wie er diesen schwingenden und femininen Gang vor seiner Familie verbergen konnte.

Das Problem mit Leggings und dem Mannsein ist eben genau das »Mann«-Sein. Diese schmalen Hosen zeigen alles, und wer nicht gern alles zeigt, sollte die Beinchen davon lassen. Ausnahme natürlich Balletttänzer, die ja bekanntlich auch keine Angst vor »Hasenpfötchen« zur Unterstützung der Optik haben.

Nie vergesse ich den Vormittag in New York, da ich zum ersten Mal in meinem Leben das Gefühl hatte, mit einer Hose gesprochen zu haben. Ich war an jenem Tag etwas spät losgefahren und in New York ist es wie an vielen anderen Plätzen kein Vergnügen, im Verkehr festzustecken. Mein Ziel war ein Studio in Brooklyn und ich fuhr gefühlte Stunden kreuz und quer durch die Straßen. Als ich schon fast aufgeben wollte und kurz davor war, das Navigationsgerät aus dem Fenster zu werfen, tauchten zwei Frauen neben meinem Wagen auf. Eine pinksowie eine türkisfarbene Leggings an zwei drallen, afroamerikanischen Frauen. Die beiden wackelten so wunderbar wiegend und in Zeitlupe an mein Fenster heran. Ich musste meinen Kopf aus dem Fenster stecken, da die New Yorker Mädels keine Anstalten machten, sich etwas zu mir runterzuneigen. Sie hielten jede ein überdimensionales Sandwich in der Hand und trugen außer den farbigen und engsten Leggings, die ich bis zum heutigen Tage gesehen habe, nur ein kurzes T-Shirt mit dem Aufdruck »Heinz Ketchup« und »Beachbabe«. »Heinz Ketchup« konnte ich nicht lesen, da der Schriftzug unter der üppigen Brust eingeklemmt war, aber der bekannte Flaschenhals hatte sich noch ein Stückchen Dekolleté erobert.

An den Füßen trugen sie Hausschuhe aus hellblauem Plüsch. Sie hatten absolut nichts bei sich, bis auf das Sandwich. Wie konnten sie nur so auf die Straße gehen, es braucht wirklich eine große Portion Mut oder keinen Kontakt mit Spiegelflächen. Ich hatte noch nicht ganz die Frage nach der gesuchten Adresse gestellt, als sofort eine heftige Diskussion zwischen den beiden Frauen ausbrach. So einig, wie sie sich wohl in Kleidungsfragen und der Wahl des Sandwiches waren, so heftig stritten sie nun um den richtigen Weg. Während sie immer lauter stritten, fielen in regelmäßigen Abständen

Trümmerteile ihres enormen Sandwiches an meinem Fenster vorbei. Ich war raus aus dem Spiel und zog meinen Kopf wieder in das Auto. Erst jetzt fiel mir auf, dass die beiden auch mit dem Unterkörper sprechen konnten. Die Leggings waren so eng, dass ich nicht einen Augenblick erstaunt gewesen wäre, wenn zwei Reihen Zähne durchgebrochen wären. Seit dem Tag löst »MFH« (»Muschi frisst Hose«) eine ganz reale Erinnerung in mir aus, und immer wenn ich jetzt eine Hose an einer Frau sehe, die sich in den Schritt zieht, denke ich: Gleich spricht sie zu mir – und sehe schon wieder Putenscheiben und Salat fallen … Es erübrigt sich zu erwähnen, dass ich keine Hilfe erwarten konnte. Im Rückspiegel sah ich die beiden weiter heftig streiten, und ich bin mir sicher, sie hatten nicht gehört, wie ich freundlich »Thank you, ladies« zu ihrem Schritt sagte und davonfuhr!

Als unser freundlicher Feierabendkunde zum ersten Mal in meinem Beisein eine Leggings aus cremefarbenem Jersey trug, sah ich schon wieder die Putenbrustscheiben vor meinem inneren Auge fallen. Mein verstecktes Lächeln wurde leider total missverstanden. Der Leggingsliebhaber baute sich vor mir auf und in diesem Moment war er ganz der Mann. »Warum lächeln Sie so unverschämt?«, fragte er. »Eine Erinnerung«, sagte ich, »es hat nichts mit Ihnen zu tun …« Während ich noch den Salat fallen sah, sah er rot. Enttäuscht wäre er von mir und könnte nicht glauben, dass ich die Dreistigkeit besäße, ihn zu belächeln. In diesem Moment wusste ich, er war vorbei, unser gemeinsamer Ausflug in die Frauenwelt. »Wer keinen Humor hat«, sagte ich, »der sollte als Mann auch keine Leggings tragen«, und versuchte, ihm von meiner amüsanten Begebenheit in New York zu erzählen. Zuhören und Verstehen funktioniert aber nur, wenn zugehört und verstanden wird.

Er baute sich vor mir auf und die Szenerie wirkte immer bizarrer, da stand ein Mann in einer Leggings vor mir, der mit seiner Männlichkeit wedelte und die Fassung verlor, weil ich gedankenverloren lächelte. »Wissen Sie«, sagte ich, »wenn Sie ein nettes Mädchen werden wollen, dann sollten Sie sich entspannen und freundlich sein. Frau sein bedeutet mehr, als einen Rock anzuziehen!«

Genau in diesem Moment kam unsere anatolische Reinigungskraft in den Laden, und bevor wir sie an unserer Kundin vorbeischleusen konnten, sagte sie: »So schöne Beine hat die Frau.« Ein Kompliment zur richtigen Zeit versöhnte unseren Kunden und er drehte sich in freudiger Erwartung um, nur um dann in das entsetzte Gesicht unserer Pflegekraft zu schauen. »Ist ein Männchen«, sagte sie und deutete auf die unübersehbare Beule zwischen seinen Beinen. »Nein«, sagte ich, »er ist jetzt gerade ein Frauchen, ein aufgebrachtes, wenn ich das mal so sagen darf.« »Nein«, sagte er, »das dürfen Sie nicht, ich bin der Chef ...« »Chef ist Guido«, sagte unsere in den Grundfesten geschockte Reinigungskraft. Er schnappte seine Sachen und verließ den Laden, im Vorbeigehen schaute er mir noch einmal tief in die Augen und sagte: »Ich bin der Chef und eine Frau mit Humor!« Als ich ihn auf der Straße stehen sah, dachte ich, den braucht er auch, und wünschte ihm ein glückliches Leben.

Leggings

»Leggings sind manchmal auch keine Lösung!«
Vater Kretschmer

WAS SIND EIGENTLICH LEGGINGS?

Kaum ein Kleidungsstück polarisiert so sehr wie die Leggings. Frauen schätzen sie wegen ihrer Flexibilität. Werden Bauch, Hüfte und Beine etwas mehr, wachsen Leggings einfach mit. Männer hingegen, wie auch mein lieber Vater, finden Leggings oft einfach nur schrecklich und überflüssig. Die Kombination mit UGG-Boots oder Ballerinas und XXL-Pullover lässt manchem Mann einen Schauer über den Rücken laufen. Als Papst Urban 1066 zum heiligen Kreuzzug aufrief, da waren vermutlich schon die ersten Leggings dabei. Sicher ist aber, dass in Schottland im 14. Jahrhundert Männer wärmende Leggings unter ihren schweren Rüstungen trugen. Kaltes Blech auf nackter Haut war auch dem tapfersten Ritter ein Graus. Aber auch später, von der Renaissance bis ins 17. Jahrhundert, trugen Männer das enge Beinkleid. Frauen hatten damals noch kein Interesse an den wunderbaren Leggings. Was sich ja dann entscheidend ändern sollte, als es endlich Spandex und Nylon gab. Erst als sich Leggings im 20. Jahrhundert auf ihrem internationalen Siegeszug befanden, wurden auch die Frauen auf dieses Wundertextil aufmerksam. Die gewebten Hosen aus Baumwolle und Jersey wurden unentbehrlich. Der Umstand, dass jetzt feiner gewebt werden konnte und die Strumpfhosen immer dünner wurden, löste ein unbändiges Verlangen nach diesen neuen engen Hosen aus. In den 60er-Jahren übernahmen dann endgültig die Frauen die Vorherrschaft in Sachen Leggings und Feinstrumpfhosen. Nach fast 1000 Jahren hatten die elastischen Beinformer die Damen überzeugt und ein Massenprodukt eroberte den Weltmarkt. Zu süßen, leicht schwingenden Shiftkleidern wurden sie gerne getragen, damit man nicht zu viel Bein zeigen musste. Außerdem wurde festgestellt, dass Leggings wahnsinnig praktisch für Sportübungen waren. Fitnesslegende Jane Fonda machte nicht nur Aerobic weltberühmt, sondern auch dieses Beinkleid. Sie trug Leggings besonders gern zu Stulpen und Stirnband. Wer erinnert sich nicht an den Film *Flashdance* und die zauberhafte Jennifer Beals. Im Laufe der 80er-Jahre wurde die hautenge Hose dann salonfähig. Man nähte sie nicht mehr nur aus Spandex, Jersey und Lycra, sondern auch aus Leder. Heute sind Leggings ein wirklich demokratisches Textil. Es wird von jungen und älteren Damen getragen, die gesammelte Sport- und Fitnesswelt schwört auf Leggings. Wilde Punks, Rockabillygirls, Balletttänzer, Anhänger von Mittelaltermärkten und natürlich die ganzen Modemädchen dieser Welt können sich nicht irren – Leggings sind bequem und richtig kombiniert auch stylisch …

WIE UND ZU WAS TRÄGT FRAU LEGGINGS?

Leggings sind, wie bereits beschrieben, extrem vielfältig und können unterschiedliche Looks maßgeblich beeinflussen. Die wichtigsten Modetipps für einen stylischen Look mit Leggings sind folgende:

Leggings mit High Heels, einem längeren Oberteil, wie eine Bluse oder eine Tunika
… sind immer angesagt. Zu tragen von fast allen Frauen mit schlanken und wohlgeformten Beinen. Einschränkung: extrem kräftige Beine.

Leggings mit Minirock und einer kurzen Jacke oder einem Top oder T-Shirt
Dieser Look ist für viele junge Frauen ein cooler Style und modern. Diese Kombination ist besonders schön mit kleinen Ankle-Boots, einer rockigen Stiefelette oder tollen Schuhen mit Keilabsatz. Zu tragen von Frauen mit schlanken Beinen. Einschränkung: extrem dünne oder sehr kräftige Beine.

Leggings mit Blazer
Dieser sehr geliebte Look ist nicht für alle Figurtypen zu empfehlen. Es braucht schlanke Beine und der Blazer sollte nicht zu kurz sein. Und wenn die Leggings in Sie eindringt, dann haben Sie ein Problem. Tragen Sie immer ein hübsches Top, eine Bluse oder einen feinen Pullover unter Ihrem Blazer und achten Sie darauf, dass er Ihre Scham bedeckt.

Leggings aus Leder

Wenn ein Look erfolgreich in den letzten Jahren war, dann sind es die Styles mit Lederleggings. Vor allem in der Farbe Schwarz sind sie ein Kassenschlager und haben sich still und heimlich einen festen Platz in den Garderoben von Frauen und auch einigen Männern erobert. Eine Lederleggings hat den Vorteil, dass dieses Material die Beine schön formt und nicht so »nackt« wirken lässt. Es gibt sie in mattem und glänzendem Leder. Es gibt Kombinationen aus Leder und Stoff und beschichtetem Leder. Preiswerter und absolut modisch sind die Lederimitate, die es in den unterschiedlichsten Prägungen gibt und somit den Hosencharakter der Leggings noch unterstreichen. Diese Hosen können wunderbar mit Blazern und Blusen kombiniert werden. Strickjacken und Tops sind traumhaft, und auch ein T-Shirt mit einer kleinen Jacke ist ein beliebter Look auf den Straßen der Welt.

Jeggings

Diese Kombination aus Jeanslook und Leggings ist entwickelt worden, um Jeans so hauteng zu bekommen, wie es mit dem handelsüblichen Denimstoff nicht möglich wäre. Diese Variante der Leggings wurde 2010 populär. Eng sitzende Jeans sind für viele Frauen der Inbegriff von guter Figur und ein untrügliches Indiz dafür, ob etwas zugenommen wurde. Eine Jeans, die zu eng geworden ist, ist oft der Anlass, sich auf eine Diät einzulassen.

Abschließend sollte gesagt werden, dass Leggings wunderbar sind, und Zuhause kann sie jeder tragen, einige sollten ihnen jedoch Hausverbot erteilen.

KOMM DOCH MAL WIEDER, WENN DU WENIGER ZEIT HAST

Eine Kombination von zwei unterschiedlichen Kleidungsstücken, die zwar unabhängig voneinander existieren können, aber zusammen einen noch besseren Auftritt haben, ist (neben dem Kostüm) der Hosenanzug. Die beiden Komponenten des Hosenanzuges sind sich als Paar eigentlich genug, gehen aber manchmal unterschiedliche Wege, wenn sie unabhängig voneinander kombiniert werden. Wenn die Hose nicht mehr passt, heißt das nicht unweigerlich auch für den passenden Blazer, in die hintere Ecke des Schrankes geräumt zu werden und auf schlankere oder beleibtere Zeiten zu warten. Was oben noch gut sitzt, kann unten seine Berechtigung verloren haben, und umgekehrt. So kann ein Hosenanzug von seiner Hose oder Jacke geschieden werden und noch auf einige glückliche Jahre in einer neuen Kombination hoffen. Sie sehen, Mode kann so menschlich sein.

Ich glaube, unsere Kleidung ist der Spiegel unserer Seele. An den leichten, glücklichen und freien Tagen braucht es keine festen Kombinationen. Da ist eine Hose schnell ausgewählt, dazu ein Top, ein Pullover oder ein Schal, etwas Lippenstift und fertig. Angezogen mit Leichtigkeit. An den unbeschwerten Tagen trennen wir auch schon einmal, was die Mode uns als Geheimwaffe zur Seite gestellt hat, eine Kombination. Wer kennt nicht noch den Sonntagslook unserer Kindheit. Der

»Wenn-die-Oma-kommt-Look«, der immer Flecken hatte, bevor der Besuch überhaupt angekommen war.

An Tagen mit festen Strukturen und Aufgaben ist ein Hosenanzug hin und wieder die erste Wahl. Er kann wunderbar sein, wenn er perfekt sitzt und Frauenkörper mit einem ganz besonderen Zauber umhüllt. Hosenanzüge bei Frauen sind nur dann feminin, wenn sie den männlichen Aspekt der Kombination zeigen, er muss das Geschlecht aufheben und gleichzeitig die weiblichen Formen unterstreichen. Seit Marlene Dietrich wissen wir doch, wie es aussehen kann.

Ein Hosenanzug aus dunkelblauer Wolle kann auch im Alltag eine sichere Bank sein, deshalb auch so häufig von den Frauen getragen, die in selbiger arbeiten. Warum Geldinstitute glauben, dass wir lieber bei einem Hosenanzug unser Geld anlegen wollen, ist mir unbegreiflich. Sind denn Hosenanzüge wichtig, damit eine Frau in einer Bank ernst genommen werden kann? Ich denke, Frauen können und sollten alles sein – und tragen sowieso, sie brauchen keine männliche Tarnung, um seriös zu wirken! Vertrauen schaffen wir nicht nur durch unser klares Auftreten und einen schicken Look, sondern auch mit dem Selbstverständnis, einfach menschlich zu sein. Geld braucht für mich keine Handlanger in Nadelstreifen, sondern einfach Menschen, die verantwortungsvoll damit umgehen, weil es ihnen ja auch nicht gehört! Geld ist doch für die meisten von uns eher ein durchlaufender Posten, es gehört uns wie fast alles im Leben nur für eine bestimmte Zeit. Die einzigen Ausnahmen können die Liebe und die Freundschaft sein. Nicht einmal das Leben ist eine feste Größe, es rinnt manchen von uns wie ihre Möglichkeiten durch die Finger.

Als der liebe Gott Adam und Eva aus dem Paradies vertrieb, schenkte er ihnen zugleich die Mode! Vom schlichten

Verhüllen ging es schnell über einige Etappen in den Hosenanzug. Hätte Eva geahnt, dass sie später in einer Bank arbeitet und Adam textil kopieren muss, wer weiß, vielleicht hätte sie den Apfel und die Schlange einfach ignoriert? Vermutlich gehört ein Hosenanzug zu den Insignien der Macht, wie auch der Anzug. Sobald die Mächtigen der Erde bei einem Gipfeltreffen die Krawatte weglassen und das Jackett durch einen Pullover ersetzen, glauben wir doch gern an Verständigung und ein gutes Miteinander. Wenn Vati beim Grillen mit Unterhemd am Zaun steht und auf ein Würstchen einlädt, dann weiß die Nachbarschaft, da gibt es keinen Ärger und wir haben nichts zu befürchten. Wenn aber Putin mit nacktem Oberkörper auf einem Pferd sitzt, wünsche ich mir schnell den Anzug und den Anstand zurück! Der Anzug ist eben auch ein Ausdrucksmittel der Mächtigen: Wer etwas zu vergeben hat, der kann auch mal locker lassen, aber der Bittsteller sollte immer tadellos aussehen. Wer einen Kredit möchte, wird immer in etwas Seriösem erscheinen, Gleiches wird sich auch das Gegenüber ausgedacht haben. Da treffen zwei Menschen aufeinander, die, nur weil es um Geld geht, diesen Moment mit dunklem Zwirn feiern. Es ist ein Geschäft, nicht mehr und nicht weniger. Stellen Sie sich einmal vor, Sie kaufen sich eine Waschmaschine und da Sie vielleicht gerade nicht so flüssig sind, benötigen sie eine Ratenzahlung. Ziehen Sie dafür einen dunklen Hosenanzug an und erwarten von Ihrem Mediamarktmitarbeiter ein Buttondown-Hemd mit Schlips und einen dunklen Anzug? Oder Sie gehen zum Metzger und bestellen für Ihren 50. Geburtstag ein Buffet, Sie ziehen Ihr bestes Kostüm an und der Metzgermeister kommt im Nadelstreifenanzug schon bei der Eingangstür auf Sie zu: »Gnädige Frau, Sie können sich sicher sein, hier wird keinem Tier nur ein Haar gekrümmt ...« Glauben Sie es, nur weil Sie seine 150 Würstchen wollen und er Sie als Kundin nicht verlieren will?

Die Dame, von der ich jetzt erzähle, hat ihr ganzes Leben in festen Kombinationen gelebt, aber zum Ende vielleicht nur noch den Zipfel der Wurst zwischen den Zähnen gehalten, obwohl sie eigentlich alles hatte. Als ich sie zum ersten Mal in ihrem Haus besuchte, war ich sehr beeindruckt. Ich glaube, ich war Anfang zwanzig und leicht zu beeindrucken. Wer sich im Aufbau befindet, empfindet materielle Unabhängigkeit als Freiheit und verwechselt Geld schnell mit Glück. Ein Trugschluss, der sich aber erst viele Jahre später von selbst korrigiert. Erich Kästner hat einmal treffend formuliert: »Man ist nicht automatisch gut und klug, nur weil man arm ist«, aber man ist eben auch nicht automatisch kultiviert, wenn das Haus groß ist und die Seele leer. Ihr Zuhause war ein großes, modernes Haus, gebaut in einer klaren Architektur und von imposanter Größe. Alle Details waren aufeinander abgestimmt worden, Glas, Stahl und weiße Wände dominierten dieses Haus. Die Türen waren mit eigens für das Gebäude entworfenen Türklinken versehen worden und jeder Raum hatte eine Verbindung zum Garten. Niemals hatte ich ein solches Haus zuvor gesehen. Die Wand zum Garten war in allen Räumen komplett verglast und der Teil des Gartens spiegelte sich auf eine seltsame Weise mit der Dekoration des Raumes. Es gab aber auch Räume, da zog die Einrichtung hinter die Glasscheibe, in den Garten. Einige Räume zierten weiße klare Vorhänge, die von einer französischen Origamikünstlerin in Augenhöhe in kunstvolle Faltendrapierungen gelegt worden waren. Beiläufig erzählte die stolze Besitzerin mir, dass, wenn die Vorhänge gewaschen würden, eben jene Faltkünstlerin erneut anreisen würde, um sie wieder in den drapierten Zustand zu versetzen. Der

Esszimmertisch stand nur zur Hälfte im Haus, die andere Hälfte stand im Garten. Es handelte sich um einen großen schwarzen Granitblock, der nur durch die Scheibe getrennt war. Der Gartenteil des Tisches war von Efeu umgeben. Die Oberfläche des Granits war so glatt, dass Efeu keine Chance hatte, an ihm hochzukriechen. Dieser Umstand bereitete der Dame des Hauses ein unbändiges Vergnügen. »Sehen Sie mal«, sagte sie, »der halbe Tisch liegt da wie in einem Nest, der Efeu wird ihn nie überwuchern können, der Granit ist zu glatt. Ich genieße jeden Morgen zu sehen, wie der Efeu scheitert.« Mir bereitete es Unbehagen und mir tat nicht der Efeu leid, dem es natürlich völlig egal war, ob er rechts oder links am Granit vorbeiwachsen konnte, sondern sie. Der kalte schwarze Granittisch erinnerte mehr an ein Grabmal als an einen Ort des miteinander Essens.

Sie war kein netter Mensch, es ging immer um Geld und um Bewunderung. Leider waren ihr die Bewunderer wohl ausgegangen, es muss mühsam sein, mit Geld Begeisterung kaufen zu müssen. Jetzt hatte sie mich gefunden und ich war viel zu jung, viel zu gut erzogen und viel zu sehr mit der Mode beschäftigt, als dass ich die Einladung, sie in ihrem Heim zu besuchen, abschlagen konnte. Sie wollte Hosenanzüge bestellen, aber das Textil war nur das Vehikel, um mich in ihr Leben zu locken. Sie war grob und streng und trug ausnahmslos dunkle Hosenanzüge. Eine weiche Linie umspielte ihren Mund, der mir genug Vertrauen versprach, um nicht gleich wieder abzureisen. Sie hatte mich für das ganze Wochenende eingeladen und es sollte gefühlt Wochen dauern, bis ich endlich diesen Ort verlassen konnte. Es ging nicht eine Minute um mich.

Sie war gut vorbereitet und hatte alles organisiert. Wir gingen zum Essen und in den Garten, ich besichtigte jeden

Winkel des Hauses und hatte schon nach dem ersten Stock kaum noch Kraft, Hurra zu rufen. Je mehr sie mir offenbarte, desto weniger mochte ich sie. Ihr Kleiderschrank erstreckte sich über zwei Zimmer. Hinter glatten weißen Türen hingen nur Hosenanzüge. Schwarze, graue und beige. Hosenanzüge, so weit das Auge reichte. Kein Kleid, kein Rock, kein Tuch, keine Bluse, nichts in Farbe. Ich hatte vorher noch nie so eine Tristesse gesehen, eine Armee von Hosenanzügen, bereit für den Kampf! Was war denn da falsch gelaufen und was wollte sie von mir, den 625. schwarzen Hosenanzug? Die Stirnseite des Ankleidezimmers war wie der untere Teil des Hauses komplett verglast und eine große Birke stand direkt vor der Scheibe. Die Rückwand des Raumes war verspiegelt, so hatte die schöne Birke auch ein Leben im Haus. Ich kann im Nachhinein sagen, diese Birke war der schönste Baum, den ich je gesehen hatte, und ich freute mich, dass sie sich den ganzen Tag in dem Ankleidezimmer betrachten konnte. Unterbrochen nur von den Momenten, in denen die Dame des Hauses einen ihrer Hosenanzüge aus den unsichtbaren Schränken holte. Sie orderte einige Kombinationen bei mir, und auf dem Weg in ihren sterilen Schlafsaal stellte ich mir die Frage, ob jemals eine Familie in diesem Haus gelebt hatte, ein Mann oder vielleicht sogar Kinder?

Ihr Bett befand sich in der Mitte des Raumes und die Positionierung hatte sicher nur einen rein dekorativen Aspekt. Gemütlichkeit war in diesem Raum nicht vorgesehen. Über dem Bett hing eine riesige Skulptur aus geschwärztem Holz, und die Schlafstätte stand auf einem kreisrunden Glasausschnitt im Boden, der den Blick in den Pool freigab. Sie schlief in der Schwebe über dem Wasser und hatte einen schweren Ast über sich baumeln. Keine Ablage, keine Lampe, nicht einmal eine Möglichkeit, ein Glas Wasser abzustellen. Meine Frage, wo sie denn mal ein Buch oder Sonstiges ablegen würde, beantwortete sie mit dem Satz:»Ich schlafe hier, zum Lesen habe ich ein Zimmer.« Ach so! Im Laufe der Besichtigung hörte ich auf, Fragen zu stellen, sie hatte einen festen Plan, die Erklärungen und Besonderheiten des Hauses spulte sie ab, als würde sie jeden Tag Gruppen durch ihr Heim führen. Sie betonte ohne Unterlass, wie wichtig ihr die Kunst sei, aber ich hatte nicht das Gefühl, dass sie ein Gespür für die Begabung der anderen ihr Eigen nennen konnte; sie besaß Kunst und engagierte Künstler, weil sie es sich leisten konnte. Wer Kunst kauft, ist nicht gleich ein Künstler, und ein Künstler ist nicht immer eine freie Seele und lebt auch gern einmal in Abhängigkeit von einem, der sich Kunst eben leisten kann. Heute, mit dem Abstand des Mehr-Erlebten, würde ich einiges anders bewerten, es war ein Haus der Kunst, aber künstlich und nicht für ein Leben gemacht. Es ist wunderbar, eine Installation von Rebecca Horn zu besuchen, aber will man gleich neben ihrer Arbeit ein Bett aufschlagen? Wohl kaum. Sie liebte die Inszenierung und war begeistert, ach so ungewöhnlich zu sein. Alles kreiste nur um die Wirkung und natürlich um die Kosten, die dieses aufwendige Heim verschlungen hatte.

Beim Abendessen erzählte sie kurz von ihrer Familie. Ihr Mann hatte sie vor Jahren durch eine Jüngere ersetzt. Die ältere der Töchter war direkt nach der Internatszeit nach Brasilien gezogen und hatte seit Jahren keinen Kontakt mehr zu ihrer Mutter. Eine Apanage des Vaters ermöglichte der Tochter ein sorgenfreies Leben, weit weg von Hosenanzügen und schwebenden Designerbetten. Die jüngere hatte noch Kontakt zu ihr, sei aber eine Träumerin und es fehle ihr an Entschlusskraft. In ihren Worten lag Bitterkeit und wenig Wärme, wie sollte ihr eine Träumerin imponieren? An jenem Abend schloss ich einen Pakt mit mir. Sollte ich jemals in der Lage sein, ein unabhängiges und finanziell freieres Leben zu führen, ich würde der bleiben, der ich war, mir treu bleiben, mit Menschen an meiner Seite – und Efeu dürfte wachsen, wo er wollte!

Ich schlief in einem Zimmer mit einem wunderbaren Blick in den Garten. In diesem Zimmer gab es nur ein Bett und ein Bild. Ein Original von Egon Schiele. Die Darstellung zeigte eine Frau mit einem lila Mantel und einem braunen Lederkoffer in der Hand. Neben die Signatur hatte der Künstler mit einem Bleistift folgende Frage geschrieben:»Wie kann eine Reise nur mit einem lila Mantel begonnen werden?« Als ich am Morgen erwachte, sah ich eben genau jenen lila Mantel in dem Baum vor meinem Fenster hängen. Ein Leben in und mit der Kunst. Ich war so beeindruckt, dass ich noch lange darüber nachdenken musste und mir diese Bilder und Installationen noch heute, Jahrzehnte später, glasklar aus meiner Erinnerung wachrufen kann. Dafür bin ich dankbar. Wäre sie ein warmer und netter Mensch gewesen, Schiele, das Efeu, der Granittisch und die Birke hätten sich gefreut, mit ihr zu leben, und vermutlich auch ihre abhandengekommenen Kinder. Das Frühstück musste ich allein einnehmen, und die redselige Haushälterin erzählte mir, dass die gnädige Dame seit zwei Stunden in ihrem Entspannungsraum eine Schüttelmeditation betreibe. Jeden Morgen schüttelte sie sich zu indischer Musik.»Ich habe sie oft dabei beobachtet«, sagte die Hauskraft,»aber los lässt sie nicht und gesünder sieht sie auch nicht aus.« Also ich würde dann vielleicht nur 10 Minuten schütteln und danach meine Töchter anrufen, es hätte wahrscheinlich einen besseren und nachhaltigen Effekt für die Seele. Die Haushälterin erzählte mir auch von einem Lachseminar, das sie in regelmäßigen

Abständen in der Schweiz besuchte. Und dafür horrende Summen ausgab. Die arme Frau, dachte ich, fährt zum Lachen nach Zürich und zum Schütteln geht sie in den Keller.

Ich lieferte die Hosenanzüge pünktlich und hatte, obwohl dieses Haus mich beeindruckt hatte, nie mehr den Wunsch, es noch einmal zu besuchen. Ich widerstand allen Einladungsversuchen. Sie lud mich zu ihrem 65. Geburtstag ein und ich weiß nicht, warum ich nicht absagen konnte. Der Abend war perfekt organisiert, eine großartige Location, unzählige Gäste, die sich aber alle nicht als Freunde herausstellten, sondern als aus Abhängigen rekrutiert, die einmal mit ihr und den Hosenanzügen gearbeitet hatten. Ich glaube, an dem Abend war nur mein von mir gefertigter Hosenanzug ganz nah an ihr dran. Sie hatte zu meinem Leidwesen das komplette Lachseminar aus der Schweiz eingeladen. Wie sollte sie auch wissen, dass ich eine Clownsperre habe? Wie aus dem Nichts stürmten an die 40 Clowns mit tosendem Gelächter in den Saal und verbreiteten gute Stimmung. Ein Albtraum, da unter den Mitgliedern dieser Lachgruppe sicher auch einige ebenfalls gestörte Damen mitlachten, die genau wie meine Kundin wahrscheinlich viel Geld dafür bezahlt hatten und sich jetzt damit auch noch öffentlich lächerlich machten! Die Jubilarin riss die Arme in die Luft, und wie von Geisterhand aufgezogen lachte sie so hysterisch, dass ich ihr am liebsten eine geknallt hätte. Ein Hosenanzug im Ausnahmezustand! Einer der wenigen, die sich dem Spektakel und der Aufforderung der Gastgeberin, doch bitte die roten Nasen, die sich neben den Tellern befanden, aufzusetzen, widersetzte, war eine stille junge Frau. Jene schmale, fast elfenhafte Schönheit sollte sich später als ihre jüngere Tochter herausstellen, die Träumerin. Wer hätte gedacht, dass ein gemeiner Saal in wenigen Minuten zu einem Tempel der

Fröhlichkeit mutieren konnte. Die Abhängigen lachten und die bekloppten Clowns drehten völlig durch, da sie wohl selber nicht mit dem Erfolg gerechnet hatten. Einige der etwas schwerfälligen und offensichtlich leicht überforderten Mitglieder des Lachseminars machten wohl nur aus Höflichkeit mit. Als aber die Menge mitlachte, hatte sich die Investition für sie amortisiert. Wie bin ich dem Leben dankbar, aus Freude am Leben herzlich lachen zu können, danke, ich brauche keine rote Nase und keine Gruppe von verkorksten Lachseminaristen! Kaum dass sich der Saal wieder beruhigt hatte, was zugegebenermaßen eine geraume Zeit dauerte, da zog das Geburtstagskind die nächste Waffe aus dem Entertainmentholster. Sie bat die Band um leise Hintergrundmusik. Eine Harfe wurde in den Saal geschoben, nebst einer Harfenistin, die aussah, als ob Siegfried und Roy sie gleich in einen weißen Tiger verwandeln wollten. Ich hätte mich nach den Clowns über nichts mehr gewundert, hätte es »puff« gemacht, ich hätte applaudiert. Die Gastgeberin führte ein Mikrofon an ihre schmalen Lippen und nahm ein Wollknäuel in die Hand. Sie sprach mit erhabener Stimme und setzte unsinnige Pausen, was diesem Moment Unterstützung und auch eine Feierlichkeit verleihen sollte. Dabei sprach sie direkt zu ihrer Tochter, ein Scheinwerfer erhellte diese schöne und stille junge Frau. Die Angestrahlte wusste kaum, wie ihr geschah, und sagte leise: »Bitte nicht, Mutter.« Aber das Schauspiel nahm seinen Lauf. Mutter spürte nur sich selbst. Sie hatte, wie so oft in ihrem Leben, nicht richtig hingehört, die Tochter wollte nicht ein Teil dieser Show sein. »Du könntest das Wichtigste in meinem Leben sein«, sagte sie, dabei schaute sie in die Menge und sagte es allen, aber nicht ihrer Tochter ins Gesicht. Es war ein Spektakel, aber keine Wiedergutmachung für Verpasstes und kein öffentliches Liebesbekenntnis. »Ja, ich weiß«, sagte sie, »es war nicht immer leicht mit mir, aber glaube mir, auch du hast es mir nicht immer leicht gemacht.« In diesem Moment stand die Tochter auf und starrte ihre Mutter mit flehenden Augen an, sie nicht für ihre Show zu missbrauchen. Die aber merkte nicht, wie ihre Tochter im Erdboden versinken wollte, im grellen Licht des Scheinwerfers, für alle sichtbar, nur nicht für ihre Mutter. Die hob das Wollknäuel in die Luft und warf es ihrer Tochter mit den Worten zu: »Fang es und werfe es zurück an einen Menschen, der dir so viel bedeutet wie du mir.« Dabei behielt die Mutter das Ende des Wollfadens in ihren Händen und lachte aus vollem Hals, begeistert von ihrer Idee. Die Tochter fing das Knäuel nicht, es fiel zu Boden. Dann hob sie es auf und legte es ihrer Mutter zurück in die Hände und verließ den Saal. Die Mutter brauchte keine Sekunde, um es dann irgendeinem anderen zuzuwerfen, und animierte die bekloppten Clowns, wieder rumzuspringen. Die Musik spielte auf, die Harfe wurde schnell rausgeschoben und ich verließ unbemerkt den Saal.

Ich bin an diesem Abend von der Tochter mit zurück nach München genommen worden, sie mochte ihre Mutter nicht, und keine Clowns … ich konnte ihr nicht widersprechen.

Der Hosenanzug

»Ein Hosenanzug ist eine Lebensgemeinschaft von einem Blazer und einer Hose, die beide getrennt voneinander existieren können, aber eben auch gut zusammen sind.« GMK

WAS IST EIN HOSENANZUG?

Unglaublich, aber die Geburtsstunde des Hosenanzuges, wie wir ihn heute kennen, liegt schon fast einhundert Jahre zurück. Der französische Modemacher Paul Poiret gilt als der Erfinder des Hosenanzuges. Obwohl Hose wie Jacke schon existiert haben, war er der Erste, der einer Frau diese Kombination auf den wohlgeformten Leib geschneidert hat. Er war ein großer Designer und hat wunderschöne Zeichnungen hinterlassen, dennoch starb er einsam und verlassen, die Mode ist eben auch nicht immer ein Leben lang dankbar und lukrativ. Seine Motivation war die eigene schwangere Frau, die sich weigerte die damalige Schwangerschaftsmode zu tragen. Kleider und Korsett waren der Albtraum für die modernen werdenden Mütter. Der Hosenanzug setzte sich für Schwangere verständlicherweise nicht durch und somit blieb ihm der große Erfolg erst mal versagt. Aber die Kombination fand ihre Anhänger und andere Designer brachten den Hosenanzug an die Frau und der Siegeszug konnte beginnen. Jahrzehnte später machte eine hochgewachsene blonde Frau den Hosenanzug in den 1930er-Jahren weltberühmt, Marlene Dietrich! Trotz dieser Popularität dauerte es noch Jahre, bis der Hosenanzug die Damenwelt endgültig in seinen Bann zog. Ein unglaublich begabter junger französischer Designer, Yves Saint Laurent, brachte im Jahre 1966 einen Hosenanzug auf den Laufsteg, der genau das Lebensgefühl der Frauen seiner Zeit traf. Ein Must-have war geboren und Sexyness und Androgynität hatten endgültig den Platz in der Mode gefunden. Seit jener Zeit ist der Hosenanzug nicht mehr wegzudenken, er ist fester Bestandteil in der Garderobe von Frauen und ein Zeichen für Unabhängigkeit und Emanzipation.

WORAN ERKENNEN SIE EINEN HOSENANZUG?

Er besteht aus Jacke und Hose und wird aus dem gleichen Material mit derselben Farbe gefertigt. Er wird erst durch einen Materialmix zu einer Kombination. Es gibt ihn einreihig und doppelreihig, mit Revers und ohne, mit aufgesetzten Taschen und allen Varianten von Verarbeitungen, aber immer mit langen Hosen und Ärmeln. Er wird in fast allen Stoffen angeboten, ist aber in Wolle und ihren Mischungen sehr beliebt und wurde schnell zum idealen Businesslook für Frauen. Häufig ist er schwarz oder marineblau, er kommt als Nadelstreifenanzug und gern auch in dezenten Mustern auf einem Unigrund daher. Tweed macht ihn ländlich und Seide elegant. Seine Knöpfe gehen bewusst unter oder werden dekorativer Blickfang, nur von Reißverschlussvarianten und Druckknöpfen sollten Sie die stylischen Finger lassen.

WIE TRAGE ICH EINEN HOSENANZUG?

Wenn eine Frau in einem Hosenanzug die Welt retten kann, dann ist es vermutlich unsere Angie, egal wie auffällig ihre Knöpfe sind! In der klassischen Variante mit gerade geschnittenen Hosen und aus gleichem Stoff in einheitlicher Farbe ist der Hosenanzug eine sichere Bank. Zweireiher wirken bei Frauen maskulin und tragen immer etwas auf. Diese Variante ist für große und sehr schlanke Frauen reizvoll und kann spannend wirken. Der Hosenanzug wirkt umso seriöser und geschäftstauglich, wenn er noch mit einer Bluse kombiniert wird. Die Kombi mit einer weißen Bluse ist nicht nur beliebt, sondern erinnert eben auch an einen Anzug, wie er von Männern getragen wird. Wie oft habe ich mit Frauen zusammengearbeitet, und ein Hosenanzug war fast immer dabei. Kein Konto wird in diesem Land ohne einen Hosenanzug eröffnet. Er ist

gern getragene Berufsbekleidung wie auch eleganter Begleiter zu festlichen Anlässen. Ein Allrounder mit Jacke und Hose.
Ein Hosenanzug ist eine gute Alternative zum Kleid und auch
mit einem längeren Blazer ein Figurschmeichler, der kleine
Problemzonen gekonnt kaschieren kann.

Ein Gehrock mit einer weiten Marlenehose ist mit einem Glit-
zertop ein perfekter Abendbegleiter. Er findet seine Anhängerinnen und kann so aufregend wie langweilig sein und zuweilen sehr bieder wirken. Schuhe können in Form von Pumps
eine gute Wahl sein, egal in welcher Form. Sie sollten jedoch
in Material und Farbe immer mit dem Hosenanzug korrespon-
dieren und eine Einheit bilden. Ein Hosenanzug am Abend
wirkt elegant mit einer zarten Sandalette. Ein weißer Anzug
mit farbigen Schuhen im Marinestyle kann wunderbar sein
und hat schon den Kennedys gefallen. Hände weg von zu klo-
bigen und dominanten Schnürschuhen, sie wirken oft zu grob
und maskulin. In New York sehe ich ständig Frauen in Hosenanzügen mit Turnschuhen, ein toller Look und in der Verbindung mit einem lässigen Shirt wunderbar! Schmuck und ein
Hosenanzug, das geht ausgezeichnet zusammen, alles ist möglich, eine Brosche macht ihn feminin und ein gutes Armband
wertig, Gleiches gilt für Ohrringe und schöne Ketten. Unter
dem Blazer kommen Blusen und Tops zum Einsatz, seien sie
einfarbig oder auch mit Punkten und Streifen. Auch Gestrick-
tes und zarte Wäsche können einen Hosenanzug im Handum-
drehen verändern. Ein schöner Gürtel ist ein zu empfehlendes
Accessoire und lenkt den Blick auf die Taille. Mäntel sollten
nicht zu kurz sein und farblich immer passen, da sonst die
Ruhe und Eleganz eines Hosenanzuges gestört wird. Wenn Sie
es wild mögen, dann mischen Sie Hosen und Jacken und spie-

len Sie mit Farben und tollen Accessoires, und auch Kopfbedeckungen sind erlaubt und extrem stylisch.

WER KANN EINEN HOSENANZUG TRAGEN?

Frauen, die sich in Hosen wohl fühlen und die in einem Kostüm für ihren Geschmack zu viel Bein zeigen, sind in einem Hosenanzug perfekt gekleidet. Es gibt ihn in allen Größen und Jackenlängen. Erdmädchen und alle Mädels mit extrem kräftigen Oberschenkeln sind nicht die optimalen Partner für Hosenanzüge und sollten darauf achten, dass sie unten nicht zu massiv wirken. Schlanke Frauen können alles tragen, eben auch Hosenanzüge. Wenn der Schnitt günstig ist und die Hosenform etwas für Sie tut, dann kann mit einem gut sitzenden Blazer der textile Traumpartner gefunden werden.

Lange Beine stehen auch einem Hosenanzug nicht im Weg, es war noch nie ein Fehler, sie mit dieser Kombination in Szene zu setzen. Frauen, die den Hosenanzug lieben, bleiben ihm treu und fühlen sich immer gut angezogen, egal wie lang oder dick ihre Beinchen sind.

WER EIN KOSTÜM TRÄGT,
HAT NICHT IMMER KARNEVAL

Ein Kostüm ist die perfekte Lebensgemeinschaft eines kleinen Blazers und eines Rocks. Die beiden sind aus dem gleichen Garn gewebt und passen im Idealfall so perfekt zusammen, dass es, wenn es die Figur der Trägerin zulässt, eine gute Investition für eine sehr lange Zeit ist. Mode ist ja im klassischen Sinne ein durchlaufender Posten. So etwas wie die Miete oder die stete Abbuchung der Krankenversicherung, Wasser- und Stromgebühren, eben alles, was jeden Monat davonfliegt, ohne sich dagegen wehren zu können. Die einzige Ausgabe, die wir monatlich mit Freude kaum erwarten können, ist für viele von uns: Mode. Dann ist es auch egal, ob es sich um eine schicke Bluse, einen neuen Pullover, einen Gürtel oder ein Paar Schuhe aus dem Ausverkauf handelt. Wer nicht mit etwas Hingabe frei entscheiden kann, was neben den unausweichlichen Festkosten angeschafft werden darf, der verliert in aller Regel die Lust am Geldverdienen. Ein Modeschnäppchen zur richtigen Zeit tröstet über so einiges hinweg. Wer kennt nicht die Dauerlüge, wenn der Partner fragt: »Ist das neu, Schatz?« »Nein, was denkst du? Uralt … nur noch nie angehabt …« Als Kind habe ich schnell gelernt: Beim Kleiderpreis wurde von meiner sonst so grundehrlichen Mutter gelogen, bis die Nähte platzten – es war immer Ausverkauf. Natürlich gibt es die Sparfüchse, aber die wollen wir mal außen vor lassen, und auch leider nicht wenige, die jeden Cent dreimal umdrehen müssen. Aber wenn ich Kleiderüberhänge und Mustertextil an Kleiderkammern spende, bin ich mir sicher, dass auch mit einem kleinen Budget gern Mode eingekauft wird. Das bestätigen mir immer die fleißigen Tafelmitarbeiter. Ein Kleid begeistert für 2 Euro genauso wie für 200, gesetzt den Fall: Es tut etwas für uns! Da ist es dann auch egal, ob es sich um First- oder Secondhand handelt. Neu bleibt neu, wenn es erst einmal in einer Tüte nach Hause getragen werden kann, dann ist es ein gutes Gefühl und kann sehr glücklich machen. Ich liebe Kostüme und entwerfe sie immer wieder mit großer Hingabe. Ein schlichtes Kostüm kann hinreißend sein, feminin und aufregend. Kostüme kommen etwas aus der Mode oder besser gesagt, sie sind nicht gerade die erste Wahl für junge Frauen, aber sie werden immer ihre Anhängerinnen finden. Je erwachsener Frauen werden, desto näher kommen sie dem Kostüm. Es ist fast unmöglich, einem Kostüm ein Leben lang auszuweichen. Modetrends kommen und gehen, aber es gibt die »sicheren Kandidaten« und zu denen gehört auch das Kostüm. Für eine Frohnatur im Rheinland ist ein Kostüm verständlicherweise nicht ein Blazer mit Rock, sondern die Verwirklichung der wechselnden Freude am Verkleiden. Wer nie in Köln gelebt hat, versteht nicht, dass ein Durchschnittskleiderschrank in dieser wunderbaren Stadt mindestens 5 bis 10 Kostüme beherbergt, von denen aber 90 Prozent nicht aus Rock und Blazer bestehen. Sich im Spätsommer eines Jahres schon Gedanken über das nächste Kostüm zu machen, das kennen nur die Karneval-Liebhaber. Eine liebe und sehr gestandene Frau und Freundin schafft es, mich im Oktober zu fragen:»Was denkst du? Gehe ich als Champignon oder wieder als Prostituierte?« Ich rate immer zur Prostitution, es sieht einfach besser aus als Gemüse.

Die Dame, von der ich erzählen möchte, ist eine Liebhaberin von wunderbaren Kostümen für ihren Job, aber auch die Einzige, die eben auch schon mal ein Karnevalskostüm von mir gearbeitet bekam. Die Arbeit für das Theater, die Oper oder den Film macht mir große Freude und ist, wenn es meine Zeit erlaubt, eine willkommene Abwechslung zu meinem Beruf als Designer. Kostümbildnerisch tätig zu sein unterscheidet sich manchmal nicht sehr vom Entwerfen und Fertigen sehr guter Karnevalskostüme. Es braucht Fantasie und Mitarbeiter, die experimentierfreudig sind. Wir haben schon die wildesten Kostüme gearbeitet, und meinen Schneiderinnen macht es eine große Freude, wenn der Chef hin und wieder mit einer Aufgabe aus diesem Bereich vertraut wurde.

So ergab sich der Tag, an dem besagte Kundin nicht nur ein neues Kostüm fürs Büro arbeiten ließ, sondern auch ein Pferdekostüm. Sie hatte sich überlegt, als Stute zu gehen, und hatte von sich als Pferd eine konkrete Vorstellung. Sie wollte eine Rappstute sein. Mit Hufen und einem Schweif und einer Kunstfellkorsage. Laut ihrer Aussage hatte sie die Mähne selber und auch, wie sie im Scherz betonte, ein »Pferdegebiss«. Da es der Anstand verbietet, das zu kommentieren, möchte ich nur so viel dazu sagen: Ihre Zähne standen ihr nicht im Weg, sich für ein Pferdekostüm zu entscheiden. Sie liebte die Faschingszeit und verbrachte, obwohl sie schon Jahre nicht mehr im Rheinland lebte, jedes Jahr den Rosenmontag in Köln. Sie als eine Frohnatur zu beschreiben, würde ihr fast nicht gerecht. Ein »Partygirl« im Körper einer wild gewordenen Hausfrau mit einer ordentlich lauten Lache trifft es schon eher. Wir machten aus ihr ein Traumpferd und sie war begeistert. Bei der Anprobe schleuderte sie ihren neu erworbenen Schweif so gekonnt hin und her, dass wir schon bereuten nicht auch noch an ihrem Kostüm einen Schwanz angebaut zu haben. Sie trabte aus unserem Atelier und war die schönste Stute, die jemals unsere Werkstätten verlassen hatte.

Ungefähr 8 Wochen später traf ich sie aus Zufall in der Stadt und wir beschlossen spontan, zusammen in einem Park Mittag zu essen. Wir sprachen über Gott und die Welt und natürlich über ihren Auftritt als Stute beim Kölner Karneval. Ich hatte noch nicht ganz das Wort Rosenmontag ausgesprochen, da brach sie in Tränen aus und konnte sich kaum wieder beruhigen. Minutenlang hielt ich sie in den Armen und es wurde erst besser, als der Kellner die Teller abräumte. Sie erzählte von ihrem Mann – eine Seele von Mensch, laut ihrer Aussage, aber extrem eifersüchtig. Sie hatten bereits zwei Kinder und ihre Familienplanung sei abgeschlossen. Ihr Mann hatte sich im letzten Jahr sterilisieren lassen und jetzt sei sie schwanger! Als ich sie fragte, wie das denn sein könne, verstärkte sich noch einmal die Weinattacke und für gefühlte Minuten war sie nicht in der Lage zu antworten. Unter Tränen offenbarte sie mir, dass sie erst seit dem gestrigen Besuch bei ihrer Gynäkologin von der Schwangerschaft wusste. Schopenhauer hatte einmal gesagt, der Einzige, der nicht ohne Frauen leben könnte, sei der Gynäkologe. Dieses kleine Zitat ließ sie kurz auflachen. Dann sagte sie mit einem Schmunzeln, es sei auch etwas mein Verschulden, dass sie jetzt in dieser misslichen Lage wäre. Wäre mein Pferdekostüm nicht so eine Augenweide und der Schweif nicht so wunderbar zu Schleudern gewesen, dann hätte der Flamingo die Hände von ihr gelassen. Ich musste schmunzeln – ein Flamingo hatte sie als Rappstute geschwängert? Sie musste jetzt auch grinsen und erzählte mir, dass der Flamingo so aufdringlich gewesen sei und so gut küssen konnte. Sie sei eben ein schwaches Pferd gewesen … Ich musste laut auflachen. Als ich sie fragte, ob sie denn wisse, wie der Flamingo heiße, zuckte sie mit den Schultern. Er war ein großer Vogel und das wäre es dann auch schon. Wir mussten immer lauter lachen, und als sie mir dann noch erzählte, dass sie so betrunken gewesen sei, dass ihre beste Freundin behauptet hätte, der Flamingo wäre ein Clown gewesen, da fiel ich fast vom Stuhl. Ich sagte ihr: »Du willst mir jetzt nicht erzählen, du weißt nicht, ob der zukünftige Vater ein Clown oder ein Flamingo war?« »Doch …«, sagte sie, »ich weiß nur, ich war eine Stute.« Ich schrie vor Lachen und stellte mir vor, wie die zukünftige Tochter oder der zukünftige Sohn die Mutter eines guten Tages fragen würde, und die Antwort wäre dann: »Dein Vater ist ein Flamingo aus Köln …«

Das Leben schreibt die besten Geschichten und der Karneval zieht so manche Grenze neu, die unter normalen Umständen nie ein Thema geworden wäre. Spontansex unter Tieren ist möglich, aber wie erklärt eine Stute ihrem Ehemann seine zurückerlangte Zeugungsfähigkeit? Beim Dessert kam mir eine Idee. Ich sagte ihr, eher im Spaß und aus Verzweiflung, sie solle doch ihrem Mann erzählen, er sei so potent, dass selbst eine Vasektomie bei ihm die Zeugungsfähigkeit nicht beeinträchtigen würde. Die Wahrheit wurde als Möglichkeit sofort verworfen! »Frauen sollten manchmal auch kein Feuer legen, wenn es gerade friedlich und ruhig läuft …«, sagte sie. Als wir uns trennten, war sie bereits deutlich entspannter und gelöster und sie strahlte schon ein wenig wie eine glückliche Schwangere. Im Gehen sagte sie noch: »Danke, Guido, ich sehe wieder Licht am Ende des Tunnels!« Ich rief ihr zu: »Wie gut, dass du kein Ei legst und die nächsten 6 Wochen auf einem Nest sitzen musst!« Beim Gehen hörte ich sie noch lachen. Eine schwangere Frohnatur ist auch in der Not noch immer etwas gelöster als die verspannte Variante der Weiblichkeit.

Später habe ich erfahren, sie hat ein gesundes Mädchen geboren, der Ehemann glaubt an seine zurückgekehrte Zeugungsfähigkeit, und die Potenzgeschichte hat sie ihm nicht nur aufgetischt, nein, sie hat ihm sogar noch gut geschmeckt! Männer können doch wunderbar sein. Als ich das erste Foto der Kleinen sah, hatte sie einen zarten Flaum auf dem Kopf, da wusste ich, sie konnte nur ein halber Flamingo sein.

Das Kostüm

»Wenn ein Rock partout nicht auf einen Blazer
verzichten will, dann könnte diese besondere Beziehung
auch ein Kostüm sein ...« GMK

WAS IST EIN KOSTÜM?

Das Kostüm gehört zu den ältesten Kleidungsstücken in unseren Kleiderschränken. Bereits 1660 fanden es die Frauen in Frankreich *très chic*, einen passenden Mantel zu ihrem Rock zu tragen. Dieses Duo ist ein Klassiker und die weibliche Antwort auf einen Anzug. Es besteht aus Rock und Jacke und ist aus dem gleichen Material gefertigt. Kaum ein Kleidungsstück veränderte sich so stetig wie das Kostüm. In der Mitte des 17. Jahrhunderts waren die Röcke und Mäntel noch knöchellang.

Die wirkliche Befreiung für das Kostüm fand in den 1920er-Jahren statt, die Röcke wurden kürzer und es entstand eine neue Bewegung. Frauen eroberten ihre Beine zurück und konnten sie endlich wieder zeigen. Coco Chanel verwendete erstmals Tweed – einen Stoff, der ehemals nur den Männern vorbehalten war –, um daraus Kostüme zu entwerfen. Um dem Ganzen noch mehr Bedeutung zu geben, setzte sie noch goldene Knöpfe auf und ließ die Trägerin darin noch selbstbewusster und glamouröser wirken. Alle starken Frauen dieser Zeit trugen Kostüme, und kein Kleidungsstück hatte so eine Kraft für die Emanzipation von Frauen dieser Zeit. Die später dazukommenden Hosen wären ohne das »neue Kostüm« undenkbar gewesen! Starke Frauen wie die First Lady Jackie Kennedy machten den Look dann endgültig populär. Die Welt hatte eine Kombination von Rock und Blazer, und Frauen liebten diesen Style. Ihre Kostüme waren kastenförmige, hüftlange Jacken und schmal geschnittene Röcke. Es dauerte nicht lange und die Hollywooddiven verfeinerten den Style noch einmal und trugen die sexy engen Kostüme, die Grace Kelly, die wunderbare Marilyn Monroe und auch Audrey Hepburn zu Stilikonen werden ließen. Auch heute noch ist das Kostüm erste Wahl für den seriösen und zugleich weiblichen Auftritt.

WORAN ERKENNE ICH EIN KOSTÜM?

Ein Kostüm besteht immer aus einem Rock und einer Jacke, beides im besten Fall aus gleicher Qualität. Es gibt aber Variationen von Farbe und eben auch Struktur, dennoch ist nur ein gleicher Style oder die Verwandtschaft der Machart das untrügliche Indiz für ein Kostüm. Kostümjacken können wie der Rock schmal und auch weit geschnitten sein, es gibt sie doppelreihig und mit einfacher Knopfleiste. Der Rock kann vorn wie hinten geschlitzt sein, kann einfach oder doppelt etwas Bein freigeben und für die nötige Bewegungsfreiheit sorgen. Ein Kostüm ist ein Duo, eine perfekte Partnerschaft, ein Doppelspiel und kann einzeln getragen werden, aber in seiner Gemeinsamkeit liegen die Perfektion und der Zauber!

WIE TRAGE ICH EIN KOSTÜM?

Ein Kostüm ist ein Hauptdarsteller und braucht, um richtig zu wirken, immer nur wenig Beiwerk. Im günstigsten Fall eine Trägerin, die diesen Klassiker ausfüllt, und das im besten Sinne des Wortes. Ein zu weites Kostüm sieht immer verloren und unvorteilhaft aus. Es gibt bei einem Kostüm immer ein Oben und ein Unten, aber eben auch eine Mitte. Proportion schafft ein Kostüm optimal in der Verbindung mit einer Taille. Ein schmaler kleiner Gürtel und eine Brosche sind das Maximale, was ein Kostüm verträgt. Ein kleines Top ist der perfekte Partner für unter der Jacke, aber auch eine Bluse und ein kleiner Pullover können wunderbar sein. Ein schwarzes Kostüm mit dem Ansatz von schöner Wäsche ist aufregend und sinnlich. Wer es schlicht wählt, gibt dem Kostüm mehr Raum, indem er einfach alles weglässt. Für die es wild und modern sein darf, die können mit Kontrastfarben und Accessoires einen ganz neuen Look kreieren. Das Schuhwerk entscheidet in letzter Konsequenz über den Look eines Kostüms. Ein eleganter Pump ist klassisch und schön. Ein Stiefel macht es herbsttauglich und eine Wollstrumpfhose mit einem kleinen Ankle-Boot sehr modern und jung.

WER KANN EIN KOSTÜM TRAGEN?

Die Antwort ist leider: nicht alle! Es braucht eine Proportion, und die Damen mit keiner bzw. zu viel Taille sind nicht die erste Wahl für ein Kostüm. Eine starke Oberweite ist kein Hindernis, auch sind feminine Formen ideal für ein Kostüm, aber die Buddhagirls und Kugelfische sollten sich etwas zurückhalten. Eine Jackenform mit einem kleinen Schößchen ist wunderbar für die dünnen Brettchen ohne Hüfte. Alle zarten kleinen Elfenfrauen und alle anderen sind mit einem Kostüm immer gut angezogen. Vielleicht noch ein kleiner Hinweis: Brille und Kostüm lösen bei Männern häufig »Sekretärinnengefühle« aus, und auch wenn Sie nicht zum Diktat kommen mögen, kann es immer noch passieren, dass Sie Ihr Gegenüber sexy findet, so siehts aus …

DER POPELINEPAKT
UND SEINE FOLGEN

Wenn einem Material ein Siegeszug in die Herzen der Menschen gelungen ist, dann ist es Popeline. Selbstverständlich ist dies auch vielen anderen Stoffqualitäten geglückt, aber Popeline gibt es am häufigsten und dazu noch in der Farbe Beige. Warum von Rentnern so gern getragen, ist eines der Geheimnisse unserer Zeit. Frauen wie Männer können dahinter verschwinden und werden zu einer verschmelzenden Einheit, die das Geschlecht aufzuheben scheint. Graues Haar und beige Popeline gehören zusammen wie die wunderbare Helene Fischer und ihr Megahit *Atemlos durch die Nacht!* Die Modemeute ruft jetzt sicher, wir tragen es doch auch, selbst die Queen trägt es und Burberry macht sogar noch ein kariertes Futter rein. Nein, nein, so einfach ist es nicht, eine Kaffeefahrt nach Helgoland ist keine Modereise, nur weil 85 Prozent der Mitreisenden in beige Popelinejacken gehüllt sind. Uniformierung ist vielen ein Graus. Die Aufhebung der textilen Individualität ist für einige der Untergang der Selbstbestimmung. Weit gefehlt, wenn eine Windjacke die pensionierte Welt erobert. Mandelblütentouristen auf Mallorca, Tagestouristen in Eisenach und Weihnachtsmarktbesucher in Nürnberg verbindet eine Farbe, in unterschiedlicher Dichte. Beige Popeline hält warm, wenn sie ein gestepptes Futter aus Daunen hat, obwohl die Farbe und das Material für den »Übergang« entworfen wurde.

Eine Kaffeefahrt ist ja auch eine Art Übergangsreise, und das Ziel ist die Möglichkeit, eine neue Heizdecke oder ein teflonbeschichtetes Kochgeschirr zu ergattern. Meine lieben Eltern haben sich auf so einer Erlebnisreise für etliche Tausend Euro zwei Bettdecken aus Lamahaar gegönnt und gratis dazu noch zwei Bettrollen bekommen, gefüllt mit hoffentlich dem gleichen wunderbaren Material. Die Rollen ersetzen noch heute ihre ehemals gemütlichen Kopfkissen. Der Verlust der Daunenkissen hat sicher für geraume Zeit ihren Schlaf beeinträchtigt, aber bei dem hohen Preis wurde sich die Rolle schöngeredet. Es gab ein Leben vor und nach der Kaffeefahrt. Mein lieber Vater hatte das Angebot der einmaligen Tagesreise in der Zeitung gelesen und auch gleich gebucht. Eine neue Erfahrung für 19 Euro. Ungeahnte Erlebnismöglichkeiten, ein spannender Tag mit Mittagessen und Bustransfer, mehr geht nun wirklich nicht für unter 20 Euro! Die spätere Großinvestition war der Unsinn ihres Lebens und die Bettrollen kein Ersatz für ein gepflegtes Daunenkissen und die Reisegebühr vermutlich die teuersten 19 Euro ihres Lebens. Mein Vater rechtfertigt die Ausgabe gern als unabdingbar für die Gesundheit und den erholsamen Schlaf. Der Wahrheit halber sollte an dieser Stelle erwähnt werden, dass sie Monate brauchten, um sich an die Bettwurst und die Decken zu gewöhnen. Heute, Jahre später, sind die Bettrollen vermutlich schon so platt gelegen, dass wieder von Kissen gesprochen werden kann, ohne Daunen, versteht sich.

Die immensen Kosten der Lamadecken haben laut Aussage meiner Mutter (die ihre Information von dem Fachverkäufer erhalten hatte, der zufällig mit seinen Decken in dem Mittagslokal anwesend war) mit der überaus schwierigen Beschaffung der Rohware zu tun. »Die Wolle«, sagte sie, »und

diese Information wird dich als Tierschützer begeistern, wird von jungen arbeitslosen Peruanern, die sonst in den Anden rumhängen würden, unter schwersten Bedingungen eingesammelt.« Die Fotos und Informationen der Lamawollarbeiter wären rührend gewesen und eine Mutter mit einem langen Zopf und Hut obendrauf hätte von den verbesserten Lebensbedingungen berichtet. Sie lebe in einer Hütte mit 12 Kindern und einer beachtlichen Anzahl von Meerschweinchen, die durch die Wohnstätte flitzten. Der Indiovater sei verstorben, da er von einem Berg in den Anden gestürzt worden wäre, oder von einem Lama getreten, das wusste sie nicht mehr genau. Aber durch die Lamahaardecken- und Bettwurstrollenproduktion könne die Mutter die Meute durchbringen. Ihre Ernährung wurde über den Grill gesichert (Sie müssen jetzt sehr stark sein, 5 bis 6 Meerschweinchen drehte die Peruanerin jeden Tag den Hals um, und aus dem Haar bastelt sie Fußmatten).

Vor meinem inneren Auge sah ich die Meerschweinchenkillerin, wie sie sich vom Gewinn eine beige Popelinejacke kaufte, um dann später mit anderen Rentnern in einem Bus nach Lima zu fahren. Es würde mich nicht wundern, wenn es auch Kaffeefahrten in den Anden geben würde, Popeline gibt es mit Sicherheit! Als mein Vater die Gewinnung des Rohmaterials beschrieb, war ich mir nicht mehr sicher, ob sie nicht auf der Busreise heimlich an einer verbotenen Substanz geleckt hatten. Die Lamas, sagte mein Vater, lebten in den Anden, da aber nur die Wolle des Unterbauches verwendet würde, müssten die arbeitslosen Indios auf den Knien die verstreuten Wollfetzen von den Sträuchern einsammeln. Warum ich noch immer annehmen würde, die paar Tausend Euro für zwei Decken und die Bettwürste wäre überzogen gewesen, könne er jetzt aber auch nicht mehr verstehen. Meine Mutter korrigierte ihn gleich: »Nein, es sind Babylamas, Erich, wir haben doch ›Gold Lama‹, nur das Haar der Kleinen wurde verwendet, das hängt doch noch tiefer.« Vermutlich hatten 50 weitere Popelinepaare die Standarddecke, meine Eltern aber – mit einigen anderen Gutmenschen – die Goldvariante gekauft. »Die geht noch in die Erbmasse«, sagte meine Mutter, um endgültig die letzten Zweifel an der Investition zu zerschlagen. Jahrelang haben wir uns über die Lamas und die Fellpflücker köstlich amüsiert.

Heute hatte ich einen Kosmetiktermin zur Gesichtsbehandlung bei einer eigentlich in Südafrika lebenden, jetzt aber in Berlin weilenden Vietnamesin mit malaysischen Wurzeln, die ihre Eltern in Hanoi schrecklich vermisst. Die Behandlung dauerte zwei Stunden und ich weiß jetzt fast alles, was in ihren letzten 15 Jahren von der gesamten Familie erlebt und verarbeitet werden musste. Einer arbeitet sogar in der Textilproduktion unter erschwerten Bedingungen und eine Cousine ging der Prostitution nach, hörte aber damit auf, als die Mutter pflegebedürftig wurde, obwohl es ihr gelegen hatte … Gleiches galt für den Cousin im Textilwerk, der aber keine Zeit für die Eltern hätte. Als ich zurück nach Hause kam, hatte ich mehr Informationen bekommen, als ich verarbeiten konnte, zudem hatte ich ein amerikanisches Spezialgerät zur Gesichtsreinigung gekauft, leider ohne europäischen Stecker und ohne Adapter, ein 12-teiliges Bürstenset, vermutlich aus ganz besonderen Meerschweinchenborsten, nebst Pflegeprodukten für die nächsten 120 Jahre, zudem eine einjährige Patenschaft für das Kind der Exprostituierten – und als ich die Rechnung sah, vermutete ich, auch noch den Flug zu den Eltern zurück nach Hanoi bezahlt zu haben … Der Apfel fällt nicht weit vom Stamm, aber ich schlafe immer noch auf Daunenkissen und behalte eine tolle Haut.

Parka und Popeline

*»Wenn ein Parka in den Krieg zieht,
ist eigentlich schon alles verloren ...«*
GMK

WAS IST EIN PARKA?

Ein Parka ist eine Jacke mit einer eindeutigen Funktion, er
soll schützen vor Wind und Wetter und verliert auf seinem
Siegeszug schon manchmal seine ursprüngliche Funktion. Eigentlich ist der olivgrüne Parka im Militär zu Hause und noch
gar nicht so lange fester Bestandteil vieler Kollektionen. Der
Herbst-Winter ist seine Zeit, und sein Material, Popeline, ist
ein Baumwollgarn, das aufgrund seiner Webart und seiner Beschichtung ein Must-have ist, für alle, die gern durch Wind
und Wetter laufen. Heute sind Parkas verziert mit Nieten und
Strasssteinen und leider immer öfter mit großen echten Pelz-
krägen, die besser an den Füchsen und anderen Tierchen hängen sollten als an uns Menschen! Vor Kurzem traf ich einen
deutschen dusseligen Modedesigner, dem es »egal war«, laut
seiner Aussage, »wie viele Tierchen totgeschlagen würden,
wenn nur die Kasse klingelt«. Ich habe ihm gesagt, dass ich ihn
immer schon dämlich fand und er solle sich schämen, und jetzt
gibt es ein lebenslanges »Nicht zurück«, ich bin ihn endgültig
los, was das einzig Gute daran ist! Für ein Webpelzchen wird
nicht gelitten und sie sehen dennoch hübsch aus und halten

mollig warm! Der Parka ist nicht einem »ausgefuchsten« Modedesigner eingefallen, sondern in seiner Urform mit zwei aufgesetzten großen Taschen und einem herausnehmbaren Futter eine Entdeckung und Kreation der Inuit. Sie nannten dieses Kleidungsstück »Parqaaq« und das bedeutet so viel wie »Hitze des Feuers«. Die Kombination von fest gewebtem Stoff und Fell und einer wachsartigen Beschichtung ist wasserabweisend und hält warm. Aber nicht nur die Inuit haben die Vorzüge dieser Kreation zu schätzen gewusst. Nordostkanada ist die Heimstätte von dem uns heute bekannten Parka, die Wetterverhältnisse in dieser Region erforderten leichte Kleidung, die schützt und strapazierfähig ist. Während des Zweiten Weltkrieges fand der Parka großen Anklang in der US-Army. Er war der Gewinner für viele Menschen, und fast alle Militärs nutzten den Parka und seine guten Eigenschaften für ihre Soldaten. In den 60er-Jahren wurde er zum Erkennungszeichen der »Mods«. Diese wilden Jugendlichen machten mit ihren Motorrollern die Straßen unsicher und trugen eben jene grünen Parkas. Der Siegeszug der »Grünen« war nicht mehr aufzuhalten und heute gehört er zur Standardgarderobe beiderlei Geschlechter. Beige Popeline ist besonders unter Rentnern ein Renner und es gibt leider kaum einen Haushalt, der nicht mindestens einen dieser Lieblinge beherbergt …

WORAN ERKENNE ICH EINEN PARKA?

Er wirkt wie eine zu große Jacke oder ein unförmiger Mantel. Er ist gern hinten etwas länger als vorn, hat in der Regel aufgesetzte Taschen, eine Kapuze und gern auch einen Tunnelzug, damit er etwas auf Taille gebracht werden kann. Seine

Farben sind Grün, Militärgrün, um genauer zu sein, sehr gern Beige und auch Dunkelblau. Bei einem guten Parka sollte das Futter herausnehmbar sein und muss immer noch leicht wirken, nicht wie eine schwere Winterjacke, er sollte so weit geschnitten sein, dass er problemlos einen zweiten Look unter sich beherbergen kann. Er ist im Original aus eben jenem wunderbaren Material Popeline und ist nur in diesem Stoff ein guter Partner, und ein verlässlicher noch dazu. Besonders mittelalte Männer machen sich gerne mit dem lockeren, aber doch hochwertigen Parka etwas jünger, sehen dadurch aber leider häufig älter aus.

WER KANN EINEN PARKA TRAGEN?

Jeder, der noch aufrecht stehen kann, und alle, die nur sitzen, und auch im Liegen ist er ein guter Begleiter. Es gibt fast keine Einschränkung, es sei denn, Sie nehmen ein Modell, das weder in seiner Farbe noch in seinem Volumen zu Ihnen passt. Ein Parka darf nie ein Zelt aus Ihnen machen, und bitte immer darauf achten, dass etwas Schmales unten rausschaut! Auch sollten Ihre Schuhe und Accessoires nicht den Eindruck unterstützen, Sie zögen in den Krieg. Schaffen Sie Brüche, dann wird es ein tagestauglicher und wunderbarer Look. Ein Schal und Handschuhe sind wunderbar, ein Sturmgewehr und ein Stahlhelm wären ein Fehler und würden Ihnen erhebliche Einreisebehinderungen bescheren …

DER WEISSE MANTEL

Es war wieder einmal einer dieser kurzen Nachmittage, die immer so schnell vorbei sind, dass ich mich des Öfteren frage, ob sich Zeit manchmal selbst beschleunigt und eben auch hin und wieder verlangsamt. An diesem Nachmittag kam sie, die Ruhe in Weiß.

Nachmittage sind mir etwas weniger gelegen als frühe Vormittage. Der Morgen hält nicht immer sein Versprechen, aber es ist eben doch noch alles möglich. Der Mittag geht gerne schnell an mir vorbei, es sei denn, ich habe einmal frei und kann mit den Hunden in meinem Viertel spazieren gehen und mich durch die Gerüche der kochenden Nachbarn schnüffeln. Der frühe Abend ist meine Zeit wie der frühe Morgen, ich bin erstaunlicherweise immer wieder aufs Neue begeistert von dem Licht, das sich langsam vom Tag verabschiedet.

Ein weißer Mantel ist auch im Dunkeln noch recht gut zu erkennen, besonders wenn sehr lange auf ihn gewartet wurde. Aber ich sollte die Geschichte von vorne erzählen, da dieser weiße Mantel nicht weiß bleiben sollte und in der Nacht eben nicht alle Katzen grau sind.

Als der Auftrag einging, war sofort klar, es war erstens Chefsache und zweitens hieß es wieder »Achtung« für unser Atelier, denn die Farbe Weiß verzeiht meistens nichts. Die Dame, von der ich jetzt erzählen möchte, hatte Weiß fürchterlich gern, war, wie die Farbe vermuten lässt, fast antiseptisch und im Grunde ihres Herzens eine Krankenschwester, der man die Patienten genommen hatte. Ihre textilen Bedürfnisse hatten immer eine lupenreine, weiße Weste, waren immer weiß und immer mit vielen Knöpfen. Nie hatten wir eine Kundin, die so viele Ersatzknöpfe benötigte wie sie. Die Reserve in ein Beutelchen im Paar an der Innenseite zu befestigen war bei der gewünschten Menge absolut nicht möglich. Ein gutes Dutzend kam immer mit der Erstauslieferung, aber die Zeit sollte uns lehren, dass wir immer noch etwas auf Lager halten sollten. Meine liebe Freundin Katharina Thalbach dagegen mag Knöpfe einfach nicht anfassen. Sie findet sie fies und eklig. Ich versuche bei ihren Kleidungsstücken auf Knöpfe zu verzichten, was manchmal nicht leicht ist, und schaffe Lösungen, die ihr den ungeliebten Knopfkontakt ersparen. Ich liebe ihr angewidertes Gesicht, wenn sie von Knöpfen spricht, sie ist eine große Schauspielerin und eine noch bessere Freundin – einfach einer der liebenswertesten Menschen, die ich je getroffen habe.

Meine Kundin hatte, wie gesagt, keine Angst vor Knöpfen. Sie war eine pensionierte Pharmazeutin, die so langsam sprach, dass ich des Öfteren davon überzeugt war, sie hätte zu oft in ihrem Leben an Beruhigungsdragees genascht. Die Sätze begannen mit einem gefühlt minutenlangen »Nnnaaa jjjaaaa, daaaannnn wooooollleeennnn wwwiirrr maaaaalll …«. »Weiß« und »hell« sprach sie gern besonders langsam aus, vermutlich weil diese Farbe ihr so eine große Freude bereitete. Genau genommen ist Weiß keine Farbe, sondern wie Schwarz ein Zustand. Das Fehlen von Farbe ist streng genommen weiß, hell oder durchsichtig – ein tolles Wort, durchsichtig hört sich irgendwie chic und geheimnisvoll an. Weiß ist immer empfindlich und hat die Tendenz, sich über kurz oder lang von seiner

Reinheit zu verabschieden, wie so häufig auch manche unserer Mitmenschen. Schwarz wie die Nacht, sagen wir, und hell wie der Tag, aber dazu später mehr. Meine Weißliebhaberin lebte in einem Haus in Westfalen, das dermaßen viel Kram beherbergte, dass es im krassen Gegensatz zu ihrem cleanen Look stand. Vielleicht hatte das Chaos mit ihrer extrem langsamen Art zu tun, die sie wie ein Schleier umgab und ihr die Möglichkeit nahm, mal aufzuräumen. Oft habe ich mich gefragt, ob sie in ihrer Apotheke nicht schon durch ihre bloße Anwesenheit den Umsatz an Barbituraten erhöht hat. Ihre lang gezogenen Worte langweilten mich manchmal so sehr, dass ich in Gedanken häufig für sie die Sätze beendete, aber fast nie richtig lag, wenn ich eingreifen wollte oder musste. Extrem langsam sprechende Menschen machen mich leider wahnsinnig. »Biiiitteee uuuunnteerbreeeecheeeen Siieeee miich niiicccchhht immer ...« − ja, ist ja schon gut. Frei nach dem Motto: »Wer zahlt, hat recht, egal wie langsam er spricht«, ertrug ich ihren Sprechduktus.

Ein schneeweißer Wintermantel war Auftrag und Herausforderung zugleich, bodenlang und mit doppelter Knopfleiste. Schneeweißchen liebte Skiferien und das mondäne Leben in den Skigebieten St. Moritz, Gstaad, aber auch Klosters und Davos gehörten zu ihren Reisezielen. Sie hat sicher nie einen Ski unter ihren Füßen gespürt. Auf der Piste sein hieß in ihrem Fall sitzen und zuschauen, genießen und in ihrem langsamen Sprechtempo Bestellungen aufgeben, was sicher manche Servicekraft aufs Äußerste strapaziert hat. Da bekommt das Wort Geduld eine ganz neue und reale Bedeutung. Mitunter blieb sie einige Wochen neben der Piste sitzen und genoss den weißen Schnee und ihre weiße Garderobe. »Machen Sie es in Weiß, so wie frisch gefallener Schnee«, sagte sie gern und häufig – und langsam, versteht sich, sehr langsam.

Die Überlastung in meinem Atelier oder die eine oder andere Krankmeldung, die strikte Weigerung, noch einmal eine Überstunde zu machen, oder einfach das Leben waren Schuld daran, dass der gute weiße Mantel nicht termingerecht fertig wurde. Der »Ich-hatte-mich-so-sehr-darauf-gefreut-Mantel« wurde natürlich auf meine Kosten, per Express, in die Berge nachgeschickt. Lupenrein in Weiß, gleich mit doppelter Anzahl an Ersatzknöpfen, trat das gute Stück seine Reise an.

Doch der weiße Mantel tauchte im besten Sinne des Wortes ab, denn das Paket blieb verschwunden, und obwohl an die richtige Adresse geschickt, war er auf ewig verloren. Diesen, ich möchte fast sagen, Unglücksmantel, habe ich wie kaum ein anderes Kleidungsstück verflucht, da er außer Ärger nicht viel eingebracht hatte, geschweige denn jemals bezahlt wurde. Die Post des Ortes hatte das Paket schon in der Auslieferung, aber es war und blieb verschwunden. Vermutlich aus dem Postauto in einem unbemerkten Moment von krimineller Bergenergie entwendet. Unzählige Telefonanrufe nebst einem Nachforschungsantrag brachten weder Mantel noch die Post weiter, weg ist weg, egal wo auf der Welt.

Der langsamen Pharmazeutin war »weg« als Ausrede nicht genug. Sie schrieb bitterböse Briefe an uns und die Post und verfluchte den zu späten Liefertermin, der Schuld an der Mantelmisere war, und sie hatte zu allem Übel auch noch recht damit. Wenn es einmal dumm gelaufen ist, dann ist der Wurm drin bzw. der Mantel weg. Das Angebot, erneut in die Produktion einzutreten, wurde weder wertgeschätzt noch als Lösung akzeptiert.

Die Saison in den Bergen ging zu Ende und der weiße Schnee schmolz, nicht aber die Erinnerung an meine liebe Kundin – Exkundin, um genau zu sein. In regelmäßigen Abständen erreichten uns noch Beschwerdebriefe und der Verlust musste sehr nachhaltig für sie gewesen sein. Warum, war mir ein Rätsel, da sie nicht eine Sekunde ihres Lebens Zeit hatte, den weißen Mantel zu tragen. Sehnsucht ist hin und wieder auch nicht logisch zu erklären, besonders wenn nicht einmal ein Kontakt bestand.

Der Frühling ging ins Land und auch der Sommer, der Neuschnee läutete die neue Saison ein und meine Pharmazeutin packte wieder einmal die Koffer, um der Saison in den Bergen ihre weiße Aufwartung zu machen. Fast genau ein Jahr nach dem Verschwinden des weißen Mantels geschah das Unfassbare! Das Dorf, in dem meine ehemalige Kundin ihren Urlaub verbrachte, hatte den Brauch, in einer speziellen Nacht Strohpuppen zu verbrennen und damit irgendein Unheil von Land und Leuten abzuhalten. Leider war meine Pharmazeutin an diesem Abend nicht davon abgehalten worden, dem Bergspektakel beizuwohnen. Als ihr seit einem Jahr vermisster Mantel benzingetränkt vor ihren Augen in Brand gesetzt wurde, konnte sie vermutlich zum ersten Mal in ihrem Leben laut und schnell »Neeeeiiiiiin!« rufen. Der Sprung in die Menge kostete sie einen Oberschenkelhalsbruch, das Feuer den weißen Mantel sein textiles Leben und mir schenkte das Ereignis die Wiedergutmachung in Form eines Briefes und die Gewissheit, dass Weiß manchmal auch sehr heiß sein kann!

Mantel und Mäntelchen

»Ein Mantel beginnt da, wo eine Jacke aufhört ...«
GMK

WAS IST EIN MANTEL?

Ab welcher Länge eine Jacke zum Mantel wird, ist abhängig von der Epoche und natürlich der Mode.

Der Mantel gehört zu den ältesten Kleidungsstücken unserer Textilgeschichte, und das aus gutem Grund. Der Name Mantel leitet sich übrigens von dem lateinischen Wort *mantelum* ab und bedeutet so viel wie Hülle oder Decke. Damit ist eigentlich schon alles gesagt, er soll uns schützen und diese Aufgabe sollte nach meinem Dafürhalten auch heute noch jeder von mir entworfene Mantel erfüllen. Dieses beliebte Kleidungsstück ist nicht etwa einem genialen Geistesblitz eines glamourösen Designers zu verdanken, nein, so war es nicht. Den ältesten Mantel der Geschichte trug ein Mann, den wir alle als Ötzi kennen und der 1991 in Südtirol gefunden wurde. Er trug den Mantel aus dem Fell einer Ziege und noch heute ist dieses Leder für seine guten Eigenschaften berühmt. Die feinsten Lederhandschuhe der Damen werden aus Ziegenleder gefertigt, was umso mehr für das Qualitätsempfinden des Eismenschen spricht. Anscheinend waren Umhänge aus Leder und Fell unsere Vorreiter der Mäntel und das heutige Steppfutter bestand in jener Zeit aus Stroh, Bast und getrocknetem Moos. Im Mittelalter trugen die Menschen immer noch diesen Umhang, aber die Verwendung von gewebter Wolle und geflochtenem Leder brachte die ersten mantelähnlichen Kreationen an die schutzbedürftigen Körper der Menschen. Die Römer nannten ihn *sogum*, wenn er kurz war, und dem langen gaben sie den Namen *trabea* und dieser war sozusagen der Prototyp unserer heute bekannten Mäntel mit angeschnittenen Ärmeln. Die Geschichte des Mantels ist so umfangreich, dass ich Ihnen ersparen möchte, welche Volkstanzgruppe zu welchem Anlass ihren Mantel umgearbeitet hat. Aber ich werde Ihnen von meinen Lieblingsmodellen erzählen und wie sie getragen werden und natürlich, was eben genau jenes Mäntelchen ausmacht.

WAS GIBT ES FÜR MANTELFORMEN?

Es gibt vermutlich so viele unterschiedliche Mantelformen wie Volksgruppen auf der Welt, aber selbst wir benutzen schon eine nicht zu unterschätzende Anzahl von unterschiedlichen Modellen. Es gibt Regenmäntel, Bademäntel, Hausmäntel, Staubmäntel, Trenchcoats, Lodenmäntel, Wollmäntel, kurze und lange Mäntel, jene, die schwingen, und andere, die gerade geschnitten sind, es gibt Armeemäntel, Lackmäntel, Ponchos, Dufflecoats, Ostfriesennerze, Pelzmäntel, Ledermäntel, Crombie Coats und, und, und … Es gibt sogar einen Mantel, der »Kotze« genannt wird bzw. »Kotzen«. Kotze ist bei uns Designern nicht Erbrochenes, sondern ein grober Wollmantel bzw. ein fester Loden, der an einen Poncho erinnert und gern auch einmal einen kleinen Stehkragen aus Leder aufweist.

Kotzen gibt es für Frauen und Männer, das sollte an dieser Stelle auch noch einmal in aller Deutlichkeit gesagt werden. Sollte also irgendein roher Geselle Ihren Mantel »zum Kotzen« finden, so wissen Sie jetzt, was Sie zu antworten haben.

WELCHER MANTEL PASST ZU WEM?

Der Crombie-Coat

… ist eigentlich der klassische Mantel, kommt aus England und ist ursprünglich für Männer entworfen worden. Dieser Mantel ist der gerade geschnittene und schlichte Allrounder, den wir sicher auch alle im Schrank haben. Er wird in Wolle oder Gabardine gearbeitet und es gibt ihn mit diversen Kragen- und Taschenformen. Dieses Modell steht großen schmalen Frauen besonders gut, und mit einem Schalkragen streckt er den Oberkörper noch einmal. Mäntel mit einem großen Revers sind wunderbare Schmeichler, sie zaubern Oberweite oder verstecken das eine oder andere Pölsterchen. Stehkrägen sind wunderbar, ein leichter Armeestil ist ein guter Schnitt für fast alle Größen und eine beliebte Mantelform. Er gibt Proportion und ist in der Regel körpernah und schmal geschnitten. Also nicht so geeignet für die Buddhagirls und die Kugelfische. Die Walküren müssen etwas achtgeben, nicht wie ein General zu wirken, und die ganz kleinen Elfen sehen schnell aus wie von der Zwergenarmee. Diese Mäntel werden gern mit Gürtel angeboten und sind eine gute Möglichkeit, etwas Taille an einen gerade geschnittenen Körper zu bekommen. Kleine und stabile Frauen sollten die Hände von Gürteln und allzu viel Zierrat lassen, ein mittellanger Swinger ist ihre Mantelform und macht eine gute Figur. Aber immer daran denken: oben weit, unten gerade oder schmal! Große Taschen sind praktisch und lockern gerade bei langen Mänteln etwas auf und lenken ab. Erdmädchen und alle mit starker Hüfte können wunderbar A-Linie, aber auch gerade geschnittene, nicht zu lange Mäntel tragen. Bitte keine großen aufgesetzten Taschen, besser sind seitliche Eingrifftaschen oder eine kleine Klappentasche, die schräg zur Knopfleiste verläuft. Geeignet sind die extralangen Mäntel nur für große Frauen und auch bei diesem Modell sind Taschen und ein kleiner Gürtel von Vorteil. Noch ein Tipp für die großen Größen: Ein dünnes, aber wärmendes Material ist von Vorteil, diese neuen Qualitäten halten warm, tragen aber nicht so auf. Webpelze mit einem langen flauschigen Flor machen Dick. Darum immer nur kurz geschnittenen Webpelz tragen, von echt wollen wir hier erst gar nicht sprechen. Lassen Sie den Tieren ihr Fell, es steht ihnen besser und anständiger ist es auch noch!

Der Dufflecoat

Dieser Mantel kommt aus der Männermode. Er gilt als eine belgische Erfindung, weil dieser besondere Wollstoff aus dem Städtchen Duffel kommt. Im 15. Jahrhundert wurden nicht nur Mäntel mit Kapuze aus diesem Stoff gemacht, sondern auch Seesäcke, denn dieses Material war besonders robust. Seine für ihn typischen Verschlüsse aus Kordel und Horn rühren aus dieser Zeit und sind auch noch heute die Verschlussvariante dieses Mantels. Er ist ein Klassiker und kann von allen getragen werden. Ausnahme sind vielleicht die ganz kleinen kastigen Figuren, da würde die Form etwas im Wege stehen und auch die aufwendigen Knöpfe wären zu viel.

Der Inverness-Mantel

… ist auch ursprünglich für Männer gemacht worden und vielleicht besser bekannt als Sherlock-Holmes- oder Dracula-Mantel. Diese Mäntel werden auch Havelock-Mäntel genannt und erinnern mehr an ein Cape mit einer Pelerine und werden heute noch gern als Regen- oder Jagdmantel benutzt. Er ermöglicht unbeschränkte Armfreiheit und ist, wenn nicht zu lang und in einer schönen Farbe, eine Option für die Modemutigen. In Schwarz ein Must-have für alle aus der Gothic-Szene und die Liebhaber von schwarzer Mode. Er steht allen, die den Mut haben, ihn zu tragen, und meistens ist es den Liebhabern dieser Moderichtung egal, ob er ihrer Figur schmeichelt, was manchmal etwas schade ist.

Der Poncho

… ist auch ein Mantel – und was für einer! Dieses Modell bleibt und ist superschick! Der Poncho hat seinen Ursprung in Mexiko, rund 500 vor Christus trugen die Mexikaner schon diesen Umhang. Das große Stück Stoff ist meistens recht- oder dreieckig und hat in der Mitte ein Loch. Hier steckt man den Kopf durch und wickelt den Rest um seinen Körper. Es gibt nichts Kuscheligeres! Durch das Wickeln an den Körper ist dieses Modell eine gute Alternative zum klassischen Mantel und steht eigentlich jeder Figur. Ein wunderbarer Allrounder. In Creme oder Schwarz ein Must-have, ich liebe diesen Poncho einfach und Sie sollten es einmal probieren.

Meine ersten Erinnerungen an den Poncho gehen zurück zu meinem ersten spanischen Winter. Frauen in Barcelona trugen wunderschöne Ponchos über ihren Kostümen und Hosenanzügen, es war eine Offenbarung und mit einem schönen Accessoire wie einem Gürtel, einer Brosche oder einem schönen Paar Lederhandschuhe so elegant und modern. Er passt zu Jeans und kann von jungen und älteren Frauen getragen werden. Einzige Einschränkung: Er sollte aus einem guten Material sein. Eine fließende weiche Wolle, gewebt oder gestrickt, etwas Kaschmir wäre noch besser oder einfach aus flauschigem hochwertigem Fleece, einfach wunderbar!

Der Trenchcoat

Wie das schlechte Wetter gehört auch der Trenchcoat zu Großbritannien. Der meist beigefarbene, mit zwei Knopfleisten ausgestattete Mantel ist bekannt und wurde häufig gern von Gangstern und Ermittlern in Filmen getragen. Hinter dem hohen Stehkragen lässt sich wunderbar das Gesicht verbergen und unerkannt in der englischen Nacht verschwinden. Seit das englische Modehaus Burberry seinen Klassiker immer wieder neu auflegt, erfreut sich der Trenchcoat besonderer Beliebtheit. Er wird von Männern wie Frauen getragen und steht für ein Lebensgefühl. Kein Landadeliger inklusive der Queen möchte auf diesen Mantel verzichten. Sein Futter lässt sich herausnehmen und somit ist er ein optimaler Begleiter für das ganze Jahr. Ein Trenchcoat gehört zu dem, dem er gefällt, und dann ist er eigentlich auch von allen zu tragen. Frauen in einem Trenchcoat sehen für mich immer etwas aus, als ob sie in geheimer Mission unterwegs wären oder wie eine Lateinlehrerin auf dem Weg zur Arbeit. Warum ich immer an Lehrer denken muss, wenn ich einen Trenchcoat sehe, sollte vielleicht einmal ein Profi ergründen. Ich besitze keinen, aber ich weiß jetzt auch warum, na dann lassen wir das mal mit der Therapie und nehmen einen anderen Mantel.

Vielleicht einen Friesennerz, den habe ich zumindest einmal besessen und es gibt noch hübsche kleine Fotos von Guido auf Helgoland und Juist. Dieser praktische Regenmantel hält schon seit Generationen Menschen trocken und die gelbe Farbe schützt noch vor dem Übersehenwerden. Er ist für alle, die gern im Watt stochern und auf einer Insel leben, unerlässlich, und weil wir ihn alle einmal gehabt haben, darf er hier auch nicht fehlen, der gute alte Ostfriesennerz, wie wir ihn immer nannten.

DIRNDL IN PADERBORN

1990 war ein heißer Sommer, einer, der in der Erinnerung immer etwas wunderbarer und wärmer ist als vermutlich in der Realität. Sommeramnesie sozusagen. Wir haben immer die Tendenz, etwas Gutes noch besser zu machen, indem wir diesen Momenten einen hübschen Raum in unseren Erinnerungen einrichten. Gedanken an einen großen Sommer sind so hilfreich, wenn es darum geht, sich aus dem kalten und grauen Winter zu träumen. Ein Fußballsommer mit Fanmeile im Dauersonnenschein klingt in uns noch lange nach, auch wenn es keinen Pokal gab. Aber in jenem Sommer des noch nicht an das Millennium denkenden Jahres 1990 war »Fanmeile« ein noch nicht existierendes Wort und es gab erstaunlicherweise noch so vieles nicht, was heute Alltag für uns geworden ist.

Mein Alltag hieß an jenem heißen Augusttag, Berlin zu verlassen, und das, verständlicherweise, so günstig wie möglich. Gut und günstig hieß damals: Mitfahrgelegenheit. Noch billiger wäre trampen gewesen, aber auf langen Strecken gestaltete sich das Reisen per Anhalter häufig als schwierig. Meine Sozialisation in Sachen »Kriminales« hatte die Sendung *Aktenzeichen XY… ungelöst* übernommen, und die realen Geschichten waren für mich damals gruseliger und beängstigender als heute so mancher von den düsteren skandinavischen Krimis. Ich möchte heute aber auch nicht in Skandinavien

leben und hätte vor jedem rot gestrichenen Schwedenhäus-
chen berechtigte Angst, Kurt Wallander oder, schlimmer, den
Mörder selbst zu treffen. Nein, nein, kein »Verständigen Sie
doch bitte einmal die Kollegen aus Malmö«. Ich liebe Elche,
aber in diesen Serien wird mit ihnen sehr gespart, mein Vertrauen zu dieser Region Europas ist etwas gestört und die düs-
tere Stimmung und das schlichte Textil sind da für mich auch
nicht gerade hilfreich, Vertrauen aufzubauen! Jetzt muss vielleicht zur Entlastung der Skandinavier gesagt werden, Anhal-
tergeschichten mit anschließender Todesfolge habe ich noch
nicht in ihren Kriminalserien gesehen, aber auch nicht genug
Elche, Hefeschnecken, Köttbullar und »hoher Norden im Son-
nenschein«, dass ich geneigt bin, in einem einsamen Schwe-
denhäuschen Urlaub zu machen, danke dafür, Henning Man-
kell!

Berlin hat zwar auch keine Elche, außer vielleicht eine
kleine gemütliche Exilelchfamilie in unserem Zoo, aber dafür
eine Vielzahl von Mitfahrgelegenheiten. Ich wohnte in diesen
Tagen bei einer lieben Freundin, Dagmar. Sie ist nicht nur ein
feiner Mensch mit einer guten Portion Humor und Verstand,
sondern auch Herausgeberin eines Blattes, das sich um die
Information von Berlinbesuchern kümmert. Gay-Community-
Reisende, um genauer zu sein. Sie wohnte in einem ehemals besetzten Haus, das sie zusammen mit ihren Freundinnen und
Aktivistinnen später dann vom Senat bekommen und erfolgreich zu Wohnraum umgebaut hat. Noch immer lebt eine Vielzahl von Frauen in diesem Haus, die dort ihre Wohnungen und
eben auch eine Gastwohnung für Menschen wie mich haben.
Im Sommer reisten gern wunderschöne italienische Lesben in
diese Wohnung, die verständlicherweise herzlich willkommen
waren und mit ihrer Dolce Vita und ihrer Sinnlichkeit so man-

che glückliche Beziehung auf dem Gewissen hatten, wenn es dann nach einigen Wochen wieder zurück nach Italien ging. Dagmar war dann auch diejenige, die dank ihres Magazins wusste, dass es jetzt auch eine schwul-lesbische Mitfahrgelegenheit gab.

Berlin ist eine unglaubliche Stadt. Bei uns gibt es alles, Menschen jeglicher Couleur und Kultur, jede Geisteshaltung findet ein Gegenüber, um sich in einem Verein oder innerhalb eines Kreises auszutauschen und gemeinsam dafür oder auch dagegen zu kämpfen. Ich bin mir sicher, dass es in Berlin auch eine Initiative oder einen Zusammenschluss von einbeinigen Religionslehrern mit transsexuellen Neigungen und Neurodermitis gibt, die zudem noch eine Milcheiweißunverträglichkeit verbindet. Die schwul-lesbische Mitfahrgelegenheit hatte gleich am nächsten Tag eine Möglichkeit, mich und meine Reisenähmaschine zurück nach Münster zu bringen. Treffpunkt war der Görlitzer Bahnhof in Kreuzberg. Der Fahrer hörte auf den Namen Sascha, war 23 Jahre alt und stolzer Besitzer eines Ford Fiestas, in Knallrot und mit einem Lächeln, das sich hätte organisieren sollen, um die Welt zu retten. Wer jemals den Film *Die blaue Lagune* gesehen hat, hat eine vage Vorstellung von meinem Fahrer! Sascha studierte Tiermedizin in Berlin und hatte bei seinem charmanten Lächeln sicher noch eine große Karriere vor sich. Jede Kleintierbesitzerin würde sich in geraumer Zukunft nur von Dr. Sascha behandeln lassen wollen, auch wenn es nur um die Krallen von Hasi oder dem schwarzen Kater ging, da er einfach zu zauberhaft war. Er war so schön und schwul wie das Vorurteil, hatte einen Freund in Göttingen, Eltern in Osnabrück, einen Pudelmix auf der Rückbank und eine Wasserschildkröte in einem Eimer mit Deckel und den Wunsch, die anderen noch mitfahrenden Leute schnell an den vereinbarten Plätzen abzuholen. Auch ohne Handys haben wir uns alle pünktlich getroffen, heute fast undenkbar.

Die Zweite im Bunde hörte auf den Namen Frederike und kam aus Hannover und versuchte mit Blockflötenspiel und Enthusiasmus, die Aufnahme in die Musikhochschule zu schaffen. Leider hatte sie unglaublich viel Gepäck, erstaunlich, ich dachte immer, eine Blockflöte braucht wenig Raum, was nicht für ihren Hintern galt, mit ihr wurde es voll. Gerechtigkeit in Sachen Platz kam mit der Dritten im Bunde, Marion. Ein dünnes Ding mit einer kleinen Tasche und dem Reiseziel Bad Oeynhausen. Als es dann schon eng wurde, holten wir noch Simone ab. Sie stand mit einer lila Latzhose und einem flotten Herrenkurzhaarschnitt und einer Reisetasche am Theodor-Heuss-Platz. Wir waren komplett, und nachdem Simones Gepäck verstaut war und sie unbedingt neben Frederike sitzen wollte und Marion den Platz räumte, ging unsere Reise los. Wir verstanden uns auf Anhieb. Sascha stellte sich nicht nur als der schönste Fordfahrer Deutschlands heraus, sondern auch als eine humorvolle Plaudertasche. Wie praktisch, auch ich kann schon hier und da ein Sätzlein sprechen, so plapperten alle gleich darauf los. Simone hatte leider den Eimer mit der Wasserschildkröte zwischen den Beinen, aber der Liebreiz unserer Frederike ließ sie den unbehaglichen Umstand vergessen. Leider hatte das ständige Geräusch des bewegten Wassers einen schlechten Einfluss auf Marions Blase. Nach gefühlten 10 Kilometern tönte das erste »Können wir mal kurz anhalten, ich muss mal«.

»Ich muss mal …« ist Frauensache, ob es an der kurzen Harnröhre liegt oder dem Ich-muss-mal-schnell-markieren-dass-ich-da-war, was auf die Evolution zu schieben wäre, oder dem Kaffeemaschinenprinzip, Tässchen rein, Tässchen raus, weiß vermutlich auch keiner. Marion war ein stilles Wasser und die, die nach 50 gefahrenen Kilometern immer mal wieder musste. Sascha erzählte von Kathetern bei Hunden und dem Wasserlassen im Allgemeinen und seinen Geschichten an der Tierklinik. Marion nahm es nicht persönlich, sondern streichelte den Pudelmix Malte mit so einer Hingabe, dass auch er beim nächsten Boxenstopp Wasser lassen musste.

Frederike und Simone hatten sich und die Schildkröte und wir alle hatten die barocken Klänge ihrer Blockflöte. Nach dem zweiten Solostück war mir klar, warum die Musikhochschule sich geweigert hatte sie aufzunehmen. Sascha bremste zweimal abrupt in der Hoffnung, Simone würde das Mundstück ihrer Flöte verlieren, aber nichts da, sie hielt das Holzröhrchen mit Löchern fest zwischen ihren Lippen und spielte ohne Pause weiter. Sascha und ich amüsierten uns königlich und stellten uns vor, die drei auf der Rückbank wären unsere Töchter. Modemäßig war hinten nicht viel los. Der Simone-Sommer war besagte lila Latzhose und Sandalen, Marion war ebenfalls in Latzhose gekleidet, allerdings einer richtigen Mädchenvariante aus blütenbedrucktem Cordstoff, Frederike im Sommerkleid in Maxiblumenmix und mit hängenden blonden Haaren, die an beiden Seiten zu zarten Zöpfen geflochten waren. Was leider die Herren in den vorderen Sitzreihen zu noch mehr Unsere-Töchter-Geschichten animierte.

Wir waren gut 40 Minuten unterwegs, als ich vorsichtig die Frage stellte, ob Leipzig wohl die richtige Richtung sei? Nein, natürlich nicht, wir hätten den falschen Weg eingeschlagen und vor lauter Plauderei und dem »Ich muss mal …« nicht darauf geachtet, der falschen Autobahn gefolgt zu sein. Meinen jungen Lesern sei gesagt, es gab 1990 noch kein Navigationsgerät und kein GPS, wie auch keine Handys und kaum Computer. Wir waren frei, etwas doof, aber entspannt und jung, lachten herzlich, und vermutlich hat nur die Schildkröte die Krallen über ihrem Panzer zusammengeschlagen, aber das sah ja keiner in dem Eimer zwischen Simones Beinen. An der nächsten Raste wurde dann unmissverständlich klar, Sascha war ein guter Reisevater, er hatte für uns alle Getränke und Stullen vorbereitet. Picknick war die Wiedergutmachung und auch die Wasserschildkröte wurde ins Gras gesetzt, unser Hund Malte lag auf Marion, und Simone hätte sich sicher gern auf Frederike gelegt, so begeistert war sie von ihr.

Reisen kann wunderbar sein, wenn es lässig ist und Jugend der Reiseleiter. Alle erzählten aus ihrem Leben und vom Coming-out. Geschichten von Liebe, dem Verstecken, den Eltern und dem ganzen Zirkus, der verbindet und uns einigte. Vielleicht habe ich da erst richtig verstanden, warum es so eine Reisevariante gab, wir saßen in einem Boot, einem Ford in unserem Fall. Der gute Wagen machte dann auch nach weiteren Stunden von sich reden, er qualmte. Das Ding war heiß gelaufen und weder der schöne zukünftige Tierarzt Sascha noch die Modeeule Guido wussten warum. Die Blockflöte Frederike und die angehende Lehrerin Marion hatten keine Idee, und Simone sah zwar aus wie eine Automechanikerin, hatte aber als angehende Sozialpädagogin auch keine Idee von heißen Motoren. 30 Minuten Pause und die Abkühlung sowie etwas Wasser ließen den Ford wieder zum Einsatz kommen. In Hannover gingen Frederike und Marion von Bord.

Frederike, weil sie ihr Ziel erreicht hatte, und Marion vermutlich, weil sie Angst vor Simone hatte, die so lesbisch war, dass selbst eine Alice Schwarzer geflohen wäre. Simone, nun alleine auf der Rückbank, mal von Hund und Schildkröte abgesehen, widmete sich jetzt den Jungs auf den vorderen Plätzen. Sie hielt gefühlte Stundenmonologe über Frauenpower, über geoutetes Leben und die weibliche Kraft und Intuition im Allgemeinen. Ihre Familie hätte keine Probleme mit ihrer Homosexualität und sie wäre in einem Frauenhaushalt sozialisiert worden und so verliebt in Frederike. Aber was nützt die feministische Weltanschauung, wenn der Ford brennt. Das dachten zumindest Sascha und ich, als der Wagen auf die Standspur rollte. Der ADAC war zwar 1990 ein Pannendienst und noch skandalfrei, auch hießen die Mitarbeiter Pannenhelfer und nicht gelbe Engel! Egal, der Retter war ein Todesengel, zumindest für Saschas Ford. Das Auto war am Ende, so wie unsere Reise. Der Pannendienst bestätigte den Exitus, der Ford konnte nicht mehr gerettet werden. Sascha entschied sich für Autostopp und wurde direkt von einem jungen Paar mitgenommen, wer so ein hübscher Kerl ist, der kann auch mit Hund und Schildkröte im Eimer auf Unterstützung hoffen. Er hatte sicher nie *Aktenzeichen XY… ungelöst* gesehen und autostoppte gleich los.

Es war nicht sehr weit nach Paderborn, dem Reiseziel unserer Latzhose Simone. Von einem Münzfernsprecher rief sie bei ihrer Familie an und bat ihre Mutter, sie an einer Bundesstraße abzuholen. Ich wollte mich mit meiner Koffernähmaschine zum nächsten Bahnhof durchschlagen, um mein Reiseziel Münster zu erreichen. Ein Gewitter zog auf und ein kräftiger Wind kündigte den Wetterwechsel an, es regnete in Strömen. Als Simones Mutter nach gefühlten zwei Minuten ihren gelben Mercedes neben uns zum Stillstand brachte, nahm ich dankend die neue Mitfahrgelegenheit an.

Zu diesem Zeitpunkt hatte ich noch keine Idee, was jetzt noch alles passieren sollte, und auch nicht, dass Simone noch bereuen sollte, mich ihrer Mutter vorgestellt zu haben. Simones Mutter war eine Frau Anfang 50, von zierlicher Gestalt, Typ Elfe mit Hang zum Suff, und hatte etwas von Hannelore Kohl mit zerzaustem Haar. Ihre Haare waren hochfrisiert und wurden durch ein Haarband im Zaum gehalten. Was nicht für ihr Mundwerk galt. Simone hatte keine Zeit, ihre Mutter zu stoppen, und in Sekunden war entschieden, dass ich die Gastfreundschaft von Hilde, so hieß die Dame, nicht abschlagen konnte. »Der Guido bleibt bei uns und morgen kann er dann mit dem Zug entspannt nach Münster fahren!« Simone war genauso überrumpelt wie ich und für mein Gefühl mäßig begeistert vom Vorschlag der Mutter, mich zu beherbergen.

Die Familie lebte in einem großen Haus, es war wirklich spießig und die Bude war total verbaut, der Architekt musste einen sehr schlechten Tag gehabt haben, als er das Objekt geplant hatte. Im Erdgeschoss war eine Praxis untergebracht, die aber nicht genutzt wurde. Simones Vater war Arzt und starb einige Jahre zuvor, seitdem war die Praxis geschlossen. Mutter Hilde hatte den Tod ihres Mannes nie richtig überwunden und hatte, wohl um den Schmerz zu betäuben, angefangen am Likör zu naschen. Wie so häufig im Leben läuft etwas aus dem Ruder und Einsamkeit ist kein guter Ratgeber, wenn die betäubende Wirkung von Alkohol den Schmerz leichter ertragen lässt. Die Haustür wurde geöffnet von einer stattlichen älteren Dame in einem Dirndl. »Hallo Oma!«, war die Begrüßung, die Simone an das große, derbe Frauenzimmer richtete. Die Großmutter kam aus Bayern, was nicht nur das Dirndl, sondern auch ihr Akzent verriet. Sie drückte meine Hand so fest und resolut, dass ich geneigt war laut aufzuschreien. Simone und ihre Oma waren von gleicher Statur, nur dass die Enkelin eine Latzhose trug, für die sie auch gleich von der Großmutter streng getadelt wurde. Als Mutter Hilde ihren leichten Sommertrench ablegte, kam ein weiteres Dirndl zum Vorschein, Exilbayern in Paderborn … Die Großmutter hatte keinen Namen, sie hieß Oma, aber sah eigentlich nicht so aus, viel mehr wie Opa mit Schürze, gebunden in der Mitte. Sie war grob und sprach klar und deutlich. Es mag an der Jugend oder meiner guten Erziehung gelegen haben, ich fühlte mich sehr unwohl, war aber nicht in der Lage, mich aus dieser Situation zu befreien, ich blieb, obwohl ich am liebsten direkt Reißaus genommen hätte.

Das Abendessen war eine Brotzeit und ich spürte deutlich, dass Mutter Hilde kaum aß und dem Bierchen mehr Aufmerksamkeit schenkte als Brot und Gürkchen. Simone war wie verwandelt, ruhig und etwas weniger »radikal«. Sobald ich etwas gefragt wurde, spürte ich, dass Unbehagen in ihr aufstieg und sie unsere Fahrt und die Tageserlebnisse nicht weiter erläutert wissen wollte. Gut so, ich sprach mit der Oma über Mode und meine Träume, eines guten Tages ein toller Designer zu werden. Großmutter hatte ihre Zweifel und erzählte in schonungslosem Bayrisch von dem frühen Tod des Sohnes und der verwaisten Praxis und dem ganzen Geld, dem Nicht-mehr-Zurückziehen nach Bayern und dem Fehler, sich mit dem Sohn auf den Weg nach Westfalen gemacht zu haben. Für Jugendträume hatte sie nicht mehr viel übrig, vielleicht waren ihre Träume oder die Jugend schon viel zu lange her. Mutter Hilde machte den Eindruck, immer betrunkener zu werden, was erstaunlich war, da sie nur ein Bier getrunken hatte. Vielleicht war in ihrem Wasserglas kein Wasser und sie trank es aber wie Wasser. Oma blies zum Nachtabgang und befahl auch ihrer Schwiegertochter, umgehend ins Bett zu gehen.

Hilde hatte in diesem Umfeld nichts mehr von der plappernden Mutter, die uns vor wenigen Stunden auf der Bundesstraße abgeholt hatte. Sie verstummte in der Gegenwart der bayrischen Schwiegermutter. Die Hausherrin wies mir ein Zimmer im Erdgeschoss zu. Ein Praxisraum mit Bett, der genauso geschmacklos war wie der Rest des Hauses, und ich hatte ständig das Gefühl,»Der Nächste, bitte!« zu sein. Im Bett liegend sinnierte ich über den Tag und diese unglaubliche Reise, wohl wissend, dass ich noch immer nicht mein Ziel erreicht hatte. Das galt nicht für Hilde, die auf einmal wie aus dem Nichts neben meinem Bett stand. In einen Morgenmantel gehüllt und mit einer Flasche Bier in der Hand.»Danke«, ich lehnte ab und beteuerte nochmals, wie überaus gastfreundlich sie zu mir waren und dass ich schlafen wolle. Ich konnte Hilde abwimmeln und wurde später erneut aus dem Schlaf gerissen, als Hilde erneut in meinen Behandlungsraum kam, um meine Heizung abzudrehen. Im August in der Nähe von Paderborn kann es erstaunlicherweise vonnöten sein, die Heizung abzudrehen … »Vielen, vielen Dank und noch eine gute Nacht, gnädige Frau, schlafen Sie gut!« Sie verließ erneut den Raum.

Ich lag noch etwas wach und musste dann doch doch eingeschlafen sein, und als ich schon wieder aufwachte, saß Hilde, alias Hannelore Kohl, auf meiner Bettkante, hatte die Bettdecke zur Seite geschoben und war im Begriff, sich meinem Genital zu nähern. Ein lauter Schrei und das angeknipste Licht hielt »Hannelore« für einen Moment davon ab, sich auf mich zu stürzen. »Du willst es doch auch, komm, sei doch ein netter Junge.« Ich packte die völlig Besoffene an den Schultern: »Frau Hilde«, schrie ich sie an, »ich will es nicht, denn ich bin genauso schwul wie ihre Tochter Simone lesbisch ist!« Sie war offensichtlich nicht ganz so besoffen, wie ich gedacht hatte, denn sie heulte los und sagte so etwas wie: »Nein, nicht unsere Simone.« Dann schrie sie mich an: »Lügner! Elender Lügner …«

In dem Moment stürzte die Oma in den Behandlungsraum, schnappte die verheulte Hilde und befahl ihr sofort ins Bett zu gehen. »Gelegenheit macht Diebe«, sagte sie zu mir und so etwas wie: »Na ja, Sie sind ja auch nur ein Mann, ein junger …«

Die Nacht war kurz und ich glaube, bis auf Simone hatte keiner gut geschlafen, ich wollte nur noch weg und die Nacht vergessen. Beim Frühstück hatte auch Simone ein Dirndl an, »Frauenpower«, dachte ich, und richtig gestanden hat es auch keiner von ihnen. Mutter Hilde sah aus, als hätte sie letzte Nacht Helmut Kohl verlassen, und wollte vermutlich auch alles vergessen, da sie übertrieben leicht spielte und immerzu lächelte. Die Dirndl-Oma krönte noch meinen Abschied mit den Worten, wie gut, dass sie dazwischen gekommen wäre … und so etwas wie: »… enttäuscht und Dreistigkeit mit meiner Schwiegertochter …« Simone chauffierte mich zum Bahnhof. Als ich am Bahnsteig neben Simone stand, lag eine seltsame Stimmung zwischen uns. Ich brach das Schweigen und bedankte mich für die Gastfreundschaft und den Transfer zum Zug. Wie aus dem Nichts fragte sie: »Sag mal, hat meine Mutter dich gestern Nacht vielleicht versucht zu verführen?« »Verführen ist gut, sie lag schon fast auf mir«, sagte ich, dann unterbrach sie mich mit den Worten: »Das macht sie immer wieder. Ist wohl einsam, die Gute …« Schlagartig wurde ich sauer, wie konnte sie mich in das offene Messer bzw. die offenen Lippen ihrer nymphomanen Mutter rennen lassen, ohne mich zu warnen? Als sie mich fragte, wie ich sie losgeworden wäre, wiederholte ich meinen Satz aus der verheerenden Nacht, dass ich genauso schwul wäre wie sie lesbisch. Simone sackte im Dirndl neben mir zusammen und heulte los. »Nein, sie hatte keine Ahnung …«, wimmerte sie, »warum hast du mir das angetan?« Na, bravo!

Seit diesem Tag weiß ich, ein Dirndl ist nicht immer in Bayern zu Hause, ich möchte nicht oral befriedigt werden von einer Frau, die aussieht wie Hannelore Kohl, und eine meinungsstarke Lesbe in Latzhosen hat auch nicht immer den Mut, das Dirndl ihrer Kindheit abzulegen und sich der Wahrheit zu stellen … und Dirndl gehören nach Bayern!!! Ich bin nie wieder mit der Mitfahrgelegenheit verreist.

Das Dirndl

»Das Dirndl ist in Bayern geboren und
tobt sich jetzt in ganz Deutschland aus ...«
GMK

WAS IST EIGENTLICH EIN DIRNDL?

Wenn ein Trachtenlook den Titel »Weltmeister« verdient hat, dann ist es das Dirndl. Sein Siegeszug ist unaufhaltsam. Selbst in New York gibt es ein Oktoberfest und das Dirndl gehört dazu wie Bier und Backhendl. Selbst im fernen Japan habe ich mit einem Dirndl einmal zu Mittag gegessen und in Brasilien hat mich einmal ein solches Trachtenkleid bedient. Das Dirndlkleid hat es sich in ganz Deutschland gemütlich gemacht und fehlt kaum noch in einem Kleiderschrank. Von Zwickau bis Tirol wird gedirndlt, was das Zeug hält. Selbst in meinem Heimatdorf sitzen die Menschen auf Holzbänken und tragen Dirndl, als ob es ein Teil ihrer Kultur wäre. Ob es daran liegt, dass fast jeder schon einmal Gast des Münchner Oktoberfestes war oder dass jede größere Stadt und eben auch kleine Ortschaften gern in Bierzelten schunkeln, wer weiß? Da, wo es Holzfässer, Zelte und Bierbänke gibt, da gibt es auch Dirndl. Aber woher kommt das Trachtengewand eigentlich? Ich sollte einmal anmerken, dass ich sehr wohl weiß, viele Trachtenexperten legen Wert darauf, dass ein Dirndl nicht zur klassischen Tracht gehört. Sie diente nur als Vorbild. Im 19. Jahrhundert war das Dirndl Arbeitskleid für die Mägde und Dienstboten in Süddeutschland und Österreich. Oft wurde es aus einfachstem Leinen, Vorhangstoffen und sogar ausgedienter Bettwäsche genäht. Es sollte ja ein robustes Kleid für Haus und Hof sein. Das Kleidungsstück überzeugte besonders durch die Bewegungsfreiheit, die der weite Rock der Trägerin ermöglichte. Die feste Taille gab zudem Stabilität und die Oberweite fand genug Platz und sah zudem noch weiblich und hübsch aus. Das einfache Kleid wurde erst dann populär, als finanzkräftige Damen aus der Stadt für kurze Landausflüge in die Berge und das Umland fuhren. Die Damenwelt fand in den 1930er-Jahren großen Gefallen an der Arbeitskleidung. Viele Frauen ließen sich Dirndl allerdings aus standesgemäßen Materialien wie Seide und Samt nachschneidern. Der Look, bestehend aus Kleid, Schürze und Bluse, war damals der letzte Schrei. Der Siegeszug des Dirndls war nicht mehr aufzuhalten und heute gibt es sie in allen erdenklichen Ausführungen und sie kosten zum Teil ein kleines Vermögen.

WORAN ERKENNE ICH EIN DIRNDL?

An seiner Machart und der Kombination von bereits erwähntem Kleid, Bluse und Schürze. Es handelt sich um einen weiten, glockig geschnittenen Rock mit angenähtem oder auch separatem Oberteil, einer kurzen, in der Regel weißen Bluse und einer Schürze in einer anderen Farbe oder in einem unterschiedlichen Material. Die Knöpfe im Oberteil des Dirndls sind, passend zum Trachtenlook, aus patiniertem Silber, aber auch Hornknöpfe und Schnürungen mit Bändern und Ösen finden Verwendung. Es gibt sie aus Baumwolle, in kariertem

und gestreiftem Design, aber auch unifarbene Dirndl mit Stickereien und Applikationen in Wolle und Seide finden sich auf dem Markt. Das Angebot ist unendlich vielfältig und so manches überladene Dirndl wird von den Bayern mit Missachtung gestraft. Kaum ein Designer im schönen München produziert kein Dirndl und es sind sogar einige wenige zu bescheidenem Ruhm auch über die Landesgrenzen hinaus gekommen. Die Preislage von Dirndln geht von erschwinglichen einfachen bis zu exklusiven Kreationen, die einige Tausend Euro kosten können. Keine der Wiesendamen aus den angesagten Zelten würde ein Kleid öfter als einmal tragen, für jede Saison muss ein neues Dirndl her und manche steigern sich von Jahr zu Jahr mitunter schon ins Absurde. Die Wiesenbesucherin, die sich nur amüsieren will, ist mit einem schicken und klassischen Dirndl gut beraten, und so eine Tracht kommt auch nicht wirklich aus der Mode …

WER KANN EIN DIRNDL TRAGEN UND WIE?

Jetzt kommt der Satz, den viele Frauen lieben werden. Besonders gut steht es den fülligen Damen, wie der gemeine Bayer sagt:»Mit Holz vor der Hüttn!«Was so viel wie»mit ordentlich Busen«bedeutet. Einige Kilos mehr stören ein Dirndl nicht und Sie können wunderbar aussehen, auch mit einer größeren Größe. Das Dirndl ist vielleicht die Wiedergutmachung für all die Mädchen und Frauen, die immer aufpassen müssen und die im Modereigen nicht immer alles mitmachen und tragen können. Etwas zu viel an Hüften und auch am Bauch kann ein Dirndl gut ausgleichen. Das geschnürte Oberteil gibt Proportion und der weite Rock umspielt die Hüfte. Die Schürze verdeckt noch einmal und die richtige Bindung zeigt auch noch den Männern, ob die Dame vergeben oder noch zu haben ist. Verheiratete binden rechts und die noch ledigen Damen links. Es gibt eine Unmenge von unterschiedlichen Schürzen. Festtags- und auch Abenddirndl haben zum Teil wunderschön bestickte und verzierte Schürzen aus Seide, Samt und auch aus Spitze. Aber ein Dirndl steht auch den schmalen und zarten Frauen. Frauen allerdings, die wenig von dem berühmten »Holz vor der Hütte« haben, können mit einem guten Push-up-BH gern etwas nachhelfen. Diese Kleiderform braucht etwas Oberweite und die Blicke der Lederhosen tragenden Burschen sind Ihnen gewiss! Zu einem Dirndl passen wunderbar Ballerina, und auch ein kleiner Stiletto mit Fesselriemchen, ein zarter Pump oder ein Abendschuh sind perfekt. Zarte Strümpfe machen tolle Beine, und noch eine gute Nachricht für die Mädels mit kräftigen Waden: Es gibt eben auch Dirndl in allen Längen. Ein kleines Kropfband aus Samt oder Silber ist hübsch und traditionell. Ein kleines Edelweiß und kleine Ketten und Armbändchen sind das Maximale, was an Schmuck zum Einsatz kommen sollte. Ein kleines Hütchen, auch mit Schleifen verzierte Zöpfe oder Affenschaukeln und Schnecken sind immer eine gute Frisur und passen zu einem Dirndl wie eine Maß Bier.

EIN ETUIKLEID KOMMT SELTEN ALLEIN

Wenn Textiles als Gruppe in Erscheinung tritt und von gleicher Machart und Farbe, dann kann es sich um eine Uniform handeln oder eine seltsame Familie. Die Gemeinschaft, von der ich hier berichten möchte, bestand aus vier Frauen und einem Mann. Die Mutter und eindeutige Anführerin der Familie war eine resolute und zielstrebige Frau. Sie erinnerte mich immer an *den Paten*, da auch sie gern Anweisung aus einer sitzenden Position gab. Ihre Aufforderungen kamen präzise und duldeten keinen Widerspruch. Besagte Dame hatte kurzes, grau gelocktes Haar und von hinten wirkte sie deutlich älter und wäre auch problemlos als femininer Mann durchgegangen, wären da nicht die großen Ohrringe gewesen, die sie in immer wechselnden Varianten trug. Ihre Züge waren rund um den Mund streng und distanziert, ihr Blick jedoch stets warm und wohlwollend. Erstaunlich, wie doch ein sympathischer und freundlicher Blick ein verspanntes Gesicht positiv beeinflussen kann. Ein hübsches Lächeln kann niemals einen kalten Blick neutralisieren, egal wie ein Mensch sich bemüht, es wird ihm nicht gelingen! Unsere Augen sind der Seelenspiegel und werden nicht umsonst so verschwenderisch bedacht mit Komplimenten. Sie liebte und verehrte ihre Hände und zeigte sie oft und gern. »Diese schönen Hände«, sagte sie einmal, »sind doch nun wirklich gelungen«, und dabei betrachtete sie die perfekt manikürten Nägel mit einer Hingabe, dass ich geneigt war Applaus zu spenden! Laut ihrer Aussage schlief sie jede Nacht mit Handschuhen aus Baumwolle, um der üppig aufgetragenen Pflegecreme keine Chance zu geben, nicht in ihre zarten Hände einzudringen.

Bevor es Nagelstudios und Naildesigner gab, war es nur einigen Frauen vergönnt, perfekte Nägel zu haben. Hände mit langen und perfekt manikürten Nägeln waren die Ausnahme und häufig ein Zeichen für ein gutes und entspanntes Leben. Wer nicht arbeiten wollte oder es nicht nötig hatte, konnte sich lange Fingernägel und gepflegte Hände leisten. Es gab immer das Vorurteil, dass zarte Hände sich nicht besonders nützlich machen, wer weiß? Heute ist es unvorstellbar, nicht den unzähligen Möglichkeiten der Nagelindustrie zu erliegen. Die Kassiererin meines Supermarktes hatte vor nicht allzu langer Zeit eine Art Sommerwiese auf den Nägeln. Als ich ihr scherzhaft riet doch noch einen Gartenzaun einbauen zu lassen, sagte sie nur: »Gute Idee, Guido, die Mandy kriegt das hin …«

Meine Handdame konnte es sich leisten, ihre Nägel lang und rot zu tragen, jedoch nicht weil ihr Ehemann ihr ein schönes Leben bereitete, sondern weil sie ein Unternehmen führte und mit ihren Klauen, wie sie des Öfteren scherzhaft zum Besten gab, eben auch umgehen konnte. Ihr Ehemann war ein unscheinbarer, aber überaus freundlicher Mensch mit einem Lächeln, das Güte und Sanftheit zum Ausdruck brachte. Er pflegte die Gartenanlagen mit vollkommener Hingabe und ich habe ihn nicht ein Mal im Haus gesehen, er schien zwischen den Rabatten zu leben. Er ist mir als winkender und Laub harkender Schubkarrenfahrer in Erinnerung geblieben. Das einzige Mal, dass er mir die Hand gab, war auf der Hochzeit seiner ältesten Tochter und seine Finger und Handballen waren so rau und spröde, dass er es verdient gehabt hätte, die nächsten vier Wochen mit den Handschuhen seiner Frau zu schlafen. Die Tatsache, dass er seine Hände in die Erde steckte und im Vergleich zu ihr ein eher zurückhaltender Charakter war und ihr die Chefposition überließ, sprach für die spezielle Verbindung dieses Paares und für ihn. Ich glaube, sie liebte ihn sehr, und als er einige Jahre später aus heiterem Himmel starb, war sie nicht in der Lage, den Garten einer fremden Hand anzuvertrauen, es verwilderte um sie herum. Wie bei Dornröschen wurden ihr Haus und die Anlagen von Grün überwuchert und es war nie wieder schön in diesem ehemals so gepflegten Garten. Die Buchenhecken wurden zu Bäumen und der ehemals perfekt geschnittene Buchsbaum zu struppigen Büschen. Einige Jahre nach dem Tod ihres Mannes verkaufte sie das alte Haus und die Firma und zog nach Florida. Genau sechs Monate später verstarb auch sie, genauso plötzlich wie ihr Mann, Florida hatte ihr kein Glück gebracht.

Die drei stillen Töchter waren weder so resolut und direkt wie ihre Mutter noch so naturverbunden wie der Vater. Die älteste ist nach ihrer Hochzeit mit ihrem Mann nach Kanada ausgewandert und ich habe sie nie wieder gesehen, was leider wohl auch für die Mutter galt. Ein Zerwürfnis, wie es so häufig in Familien vorkommt, Geld und die damit verbundene Begehrlichkeit sei der Grund gewesen und es wurde nach einigen Jahren nicht mehr davon gesprochen. Familienstreitigkeiten sind so schmerzlich wie oft unüberwindbar, da nur Menschen, die uns sehr nah stehen, auch wissen, wie nachhaltig verletzt werden kann, leider! Die zweite war ein stilles und scheues Mädchen, und als sie gerade 18 Jahre alt war, fand sie ein Zuhause in einem französischen Schweigekloster. Die

Mutter hat sich nicht einen Tag darüber gewundert, sondern war meinem Eindruck nach froh, sie versorgt zu wissen. Das ewige Schweigen war jetzt Teil ihres neuen Lebens und machte vielleicht zum ersten Mal Sinn. »Sie wird eine wunderbare Nonne«, sagte die Mutter einmal zu mir und dass sie schon seit frühster Kindheit damit gerechnet habe: »Ich werde sie an jemanden verlieren, der auch lieber schweigt …«, wie recht sie doch hatte! Die Leidenschaft der Mutter, zu uniformieren, hatte sicher ein Übriges dazu beigetragen, dass ihr das Tragen der Ordenstracht vertraut sein musste. Die gesamte Kindheit war textil gesehen eine Aneinanderreihung von grauen und blauen Etuikleidern gewesen. Die jüngste Tochter war ebenfalls sehr introvertiert und schenkte ihre Aufmerksamkeit nur ihren Pferden. Sie machte ihre Leidenschaft zum Beruf, der ihr leider nicht, wie im Sprichwort verheißen, »das Glück der Erde« zuteilwerden lassen sollte. Bei einem Ausritt stürzte sie so unglücklich, dass sie nach einigen Tagen ihren schweren Verletzungen erlag.

Diese Familie hatte vielleicht wenig Glück, aber ihre Mitglieder waren speziell und eigensinnig und sie liebten sich auf eine seltsame und mir fremde Weise. Vielleicht gibt es Hunderttausende Varianten, in einer Familie mit- und füreinander zu leben, doch wenn Kinder geliebt werden, dann können auch erschwerte Umstände glückliche und stabile Menschen hervorbringen. Als ich sie kennenlernen durfte, hatten sie eine gute Zeit, und diese Jahre möchte ich mit Ihnen teilen und mich erinnern.

Bei unserem ersten Treffen saßen die drei Töchter brav aufgereiht in Etuikleidern auf dem Sofa. Die Verwunderung war auf beiden Seiten groß, da die Töchter nicht um meine damalige Jugend wussten und ich für einen Moment dachte, mich in einem Stephen-King-Filmset zu befinden. Die große Leidenschaft ihrer Mutter waren, neben perfekt manikürten Händen, Etuikleider in allen Variationen und Uniformen für ihre Mitarbeiter, und genau dieser Umstand hatte uns zusammengeführt. Nachdem ich erfolgreich die Angestellten in das von ihr so geliebte gleiche Textil gebracht hatte, sollten wir jetzt in Phase zwei eintreten, ihre Familie.

Sie trug ein blaues Etuikleid mit einer weißen Bluse und einer feinen Perlenbrosche. Ich staunte nicht schlecht, als die Bestellung für das gleiche Modell auch in den Größen der Töchter aufgegeben wurde. Die Einzigen im Haus, die nicht uniformiert wurden, waren der Ehemann und der lethargische Cockerspaniel, der auf den Namen Ursula hörte. Seit frühster Kindheit wurden die Mädchen gleich gekleidet, und zu meiner Verwunderung nahmen sie den Umstand, wie Drillinge auszusehen, mit erstaunlicher Leichtigkeit. In meiner Familie wäre eine Revolution ausgebrochen, wenn meine Mutter die Uniformierung ausgerufen hätte! Die drei Töchter hatten ausnahmslos die Figur des Vaters geerbt und sie verband eine Ähnlichkeit, die ihresgleichen suchte. Der Umstand mag sicher auch der Uniformierung der Mädels geschuldet sein, doch hatten ihre Gesichtszüge den gleichen Ausdruck, große blaue Augen und glattes, blondes und extrem glänzendes Haar. Unzählige Bürstenstriche und die wöchentliche Bierkur hatten ihre Spuren hinterlassen, so die Aussage der Mutter, als ich sie einmal auf den unglaublichen Glanz der Haare ansprach. Nägel, Hände und Haare wurden in dieser Familie gepflegt, leider gehörte Konversation nicht zu ihren Stärken. Manchmal hatte ich das Gefühl, ein textiler Alleinunterhalter zu sein, und an manchen Anprobetagen hätte ich mich nicht gewundert, wenn sie alle miteinander applaudiert hätten. Sie mochten mich sehr und ich habe nie ihr Haus verlassen, ohne das Gefühl, herzlich willkommen gewesen zu sein. Wir waren so unterschiedlich und doch hatten wir eine Ebene gefunden, auf der wir wunderbar miteinander umgehen konnten. Manchmal hatte ich das Gefühl, der nicht vorhandene Sohn oder Bruder zu sein, der etwas Abwechslung und Lebendigkeit in ihr Leben brachte.

Die Etuikleider waren die Sonntagsgarderobe und die Basis war immer eine weiße Bluse und eine für meinen Geschmack unsinnige Brosche. Bei ihren Bestellungen achtete die Chefin des Hauses sehr darauf, dass die Kosten für die Anfertigung auf den Pfennig genau kalkuliert und eingehalten wurden.

Sie war eine Sparmaus, was zuweilen absurde Blüten hervorrief. Die Firma, die sie leitete, war ein Reiseunternehmen, das sich auf Bustouren spezialisiert hatte. Für ihre Busfahrer hatte ich Uniformen entworfen, die selbstredend klassisch und aus dunkelblauem Gabardine gefertigt worden waren. Eine Herrenhose mit Bundfalten und ein Hemd mit kurzen Ärmeln aus hellblauer Baumwolle und eine rote Krawatte mit einer nicht zu übersehenden Stickerei des Logos der Busfirma. Als ich zum ersten Mal ihre Haushälterin sah, traute ich meinen Augen nicht: Die leicht moppelige Dame, Typ Kugelfisch, trug die Busfahreruniform, die eindeutig nicht für ihre Figur konzipiert worden war.

Ich musste lachen, und als ich ihre Chefin fragte, warum eine Busfahrerin bei ihr sauber mache, sagte sie: »Nein, sie bekommt immer die nicht mehr ganz so schönen Uniformen, es wäre ja sonst eine Verschwendung, und sie trägt sie gern ...« Immer wenn sie an mir vorbeilief, habe ich leise zu ihr gesagt: »Eine einfache Fahrt, bitte ...«, und keine konnte so schön die Augen verdrehen. Und wie »gern getragen« sah der Blick auch nicht aus. Manchmal musste ich so mit ihr lachen, dass die kleine »Busfahrerin« einmal fast von der Leiter gefallen wäre, als ich zu ihr sagte: »Allzeit gute Fahrt!«

Sie hat es sich nie nehmen lassen, mich zum Tor zu bringen, und wir mochten uns sehr. Ich habe mich einmal mit den Worten verabschiedet: »Wenns nicht mehr geht mit der Putzerei, dann hängen wir eine Waffe an den Gürtel und Sie fangen beim Wachdienst an.« Da hat sie sich vor Lachen schütteln müssen und ihr liefen Tränen die Wangen runter und sie sagte: »Sie sind eine Marke, nee, was sind Sie für eine Marke …« Wenn es Sie noch gibt, liebe Hilde K., dann sende ich Ihnen jetzt eine Umarmung und hoffe Sie kommen noch jedes Jahr gut durch den TÜV. (PS Die Krawatte hätte doch nicht sein müssen, Gleiches gilt für die Bundfaltenhose …)

Genau genommen wurde für die Familie eine Uniform entworfen und die Töchter konnten von Glück sagen, nicht als kleine Busfahrerinnen ihre Jugend erlebt zu haben. Jetzt habe ich leider eine leichte »Bussperre«, dieses große behäbige Gefährt gehört nicht zu meinen Lieblingsfortbewegungsmitteln. Unbegreiflich, warum in einem Reisebus die Mitfahrer nicht angeschnallt sind, wo doch immer wieder schwere Busunglücke passieren. Und hat jemals ein Linienbus gewartet, bis auch die letzte Rentnerin sicher gesessen hat, bevor das Riesengefährt wieder losfuhr? Wenn ich auf der Autobahn Reisebusse sehe, die auf der letzten Bank mit winkenden Teenagern voll besetzt sind, und an der Tankstelle unzählige Rentner beim Pinkelpäuschen aussteigen sehe, dann stellt sich mir schon die Frage, ob Anschnallpflicht nicht auch in einem Bus Sinn machen würde. Das letzte Mal, als ich in einem Bus fuhr, war ich der einzige Fahrgast. Ein Nightliner brachte mich bei Eis und Schnee von Leipzig an der Wörthersee in Österreich. Dieser

Bus brauchte gefühlte 200 Stunden, mich an mein Ziel zu Schaukeln, und die Tatsache, dass Sheryl Crow vor mir mit dem Gefährt ihre Tour abgefahren hatte, machte es auch nicht unbedingt angenehmer. Als wir jedoch im totalen Superstau standen, da habe ich es genossen, nur die schneebedeckten Baumspitzen von meinem rollenden Bett aus zu sehen und ein WC an Bord zu haben. Vielleicht ist Busfahren doch gar nicht so schlecht, denke ich gerade, aber als es vorbei war, war ich sehr froh. Seis drum.

Vorbei waren dann auch die Anfertigungen für die Töchter des Hauses, als die älteste heiratete.

Wie und wo sie diesen Mann kennengelernt hatte, blieb mir ein Rätsel. Es hatte den Anschein einer arrangierten Ehe, da die Schwiegermutter in spe ihren Sohn wie ein Sonderangebot anzupreisen wusste und die Vorbereitungen der Hochzeit sowie alle Ausgaben komplett übernahm. Die Einzige, die in den Lobgesang auf den kommenden Schwiegersohn mit einstimmte, war meine Kundin, vielleicht weil sie die Veranstaltung nicht bezahlen musste. Die Tochter habe ich nicht ein Mal begeistert von ihrem neuen Lebenspartner sprechen hören, geschweige in zärtlicher Zuneigung zu ihm erlebt. Aber was ging mich das Eheglück der künftigen Braut an, meine Aufgabe war es, die gesammelte Familie einzukleiden und die Meute bei Laune zu halten! Mich hätte es nicht gewundert, wenn das geplante Hochzeitskleid gleich viermal in Auftrag gegeben worden wäre. Eines für die Braut, zwei für die Schwestern und noch eins für die Chefin des Hauses. Ich hatte den Gedanken noch nicht ganz zu Ende gesponnen, da wurde er auch schon fast Realität, da die Schwiegermutter in spe alle ihre Enkeltöchter, und es waren sieben an der Zahl, in der abgeschwächten Version des Brautkleides verpackt sehen wollte.

Dieser Umstand und die damit offensichtliche Liebe zum Uniformieren verband die beiden Familien nach meinem Dafürhalten optimal und die Verbindung stand unter einem guten Stern. Selbstredend war klar, jetzt wird es noch drei Etuikleider mit Brosche geben, und genauso ist es dann auch gekommen. Die erste Anprobe war ein Wahnsinn und die sieben Enkelkinder stellten sich zum Teil als »unanziehbar« heraus. Die Kleinste war so moppelig, dass es mit gutem Gewissen nicht zu verantworten war, sie in ein weiß-rosa Tüllkleidchen zu stecken. Das Trauma, das jene Kreation an dem armen Mädchen auslösen konnte, wollte ich nicht mitverantworten. Im Vorbeigehen schlug ich der uniformierten Reinigungskraft vor, es gäbe jetzt eine reelle Chance, die ungeliebte Busfahreruniform loszuwerden, da die Kleine perfekt in die Hose gepasst hätte. Ich wurde mit einem wunderbaren Augenrollen belohnt und dem mitleidigen Blick auf den kleinen Wonneproppen. Das kleine Möpschen hatte im Gegensatz zu mir kein Problem damit, als überdimensionaler Cupcake Blümchen zu streuen, sie bestand sogar noch darauf, das Kleidchen gekürzt zu bekommen. Ich habe den Wunsch galant überhört und ihr zum Trost eine Tiara aufgesetzt, was sie nicht schmaler wirken ließ, aber irgendwie sah sie mit dem Krönchen hübscher aus, schmaler wäre gelogen. Die älteste der sieben Geißlein war schon sehr groß und nach meinem Dafürhalten so frühreif, dass eine abgeschwächte Version des Brautkleides für erhebliche Unruhe unter den Gästen gesorgt hätte. Zu allem Übel war die Lolita nicht gerade bester Stimmung, sie konnte weder ihrer Großmutter noch der Idee, ein Blumen streuendes Engelchen zu werden, etwas abgewinnen. Sie war extrem muffig und es gab einen Moment, da hätte ich ihr am liebsten eine geklebt, da sie, als sie sich im Spiegel sah, »Ich muss gleich kotzen« sagte.

Die restlichen fünf waren als Engelchen zu gebrauchen, obwohl eines der Mädchen so eine große Zahnspange trug, dass ich bei der Anprobe berechtigte Angst hatte, ihr mit der zarten Spitze das enorme Drahtgestell aus der Verankerung zu reißen, während ich ihr das Kleid über den Kopf zog. Leider war es kein wirklich schöner Anblick, da die Zartheit des Kleides die enorme Zahnspange und die seitlichen Gummibänder, die bis zu den Ohren gingen, erbarmungslos in den Fokus rückte. Jetzt würde mich doch einmal interessieren, ob es heutzutage noch immer diese Metallgestelle gibt, die auf unwürdige Weise Zahnunregelmäßigkeiten beheben sollen? Ich hoffe für alle Kinder dieser Welt, dass es eine neue Innovation gibt, die nur im Mundraum zum Einsatz kommt. Seis drum, in jenem Jahr war es wohl das einzig probate Mittel, die Zähne in die richtige Stellung zu drängen. Armes Kind!

Diese Familie war ein Großauftrag und es brauchte Wochen, die Kleider zu fertigen. Ich war heilfroh, nicht auch noch den Bräutigam als Kunden bekommen zu haben. Ich mochte ihn nicht, er war kühl und distanziert und konnte so wahnsinnig, ja, ich muss es sagen, blöd glotzen. Er war sicher kein Adonis, das musste er ja auch nicht sein, aber dieser selten teilnahmslose Gesichtsausdruck war schon eine Herausforderung. Mich wunderte im Nachhinein auch nicht, dass Jahre nach der Vermählung der Auslöser für das Zerwürfnis der Tochter mit den Eltern der Blödglotzer war.

Was allerdings der Auslöser für das Ende der immer gleichen Kleider gewesen sein mochte, blieb ein Rätsel. Da die Mutter während der ersten Anprobe plötzlich »Stopp« sagte. »Keine gleichen Kleider mehr, es ist vorbei.« Der Einzige, der in diesem Moment vermutlich etwas konsterniert war, sollte ich sein. Den Töchtern war es offensichtlich egal – den Eindruck machten sie nach meinem Dafürhalten –, dieses Überbleibsel aus Kindertagen hinter sich gelassen zu haben. Als sie dann ihre zwei Töchter fragte, ob sie einen Wunsch für ein neues Kleid hätten, zuckten beide mit den Schultern und es wurde recht schnell klar, sie hatten keine Vorstellung von sich in etwas anderem. Die zukünftige Nonne blieb trotz mehrmaliger Nachfrage bei dem gewohnten Etuikleid und die Jüngste wollte etwas Rotes, was sofort von der Mutter verworfen wurde. Also blieb es bei den Mädchen ein Etuikleid, jedoch ohne weiße Bluse, und die Brosche blieb ihnen auch erspart.

Für die Mutter des Hauses wurde ein neues Kleid entworfen, doch ihre Angaben waren so detailliert, dass es zum guten Ende wieder ein Etuikleid wurde, aber in Weiß mit goldenen Knöpfen. Es sah ein wenig wie eine Marineuniform aus, und hätte sie noch goldene Schulterstücke getragen, dann hätte die obligatorische Brosche wie ein Orden ausgesehen und jede Tankerkapitänin wäre vor Neid erblasst. Sie aber fühlte sich neu und modisch und hatte den Eindruck, etwas gewagt zu haben, ohne dabei jedoch das Steuer aus der Hand gegeben zu haben. »Wissen Sie«, sagte sie, »alles hat mal ein Ende, ich muss auch mal etwas verändern und die Mädchen sind erwachsen.« Dabei schaute sie auf die in rosa Tüll gehüllten Sieben und ich verstand sofort. Hätte sie dann auch noch ihrer Hauskraft die Busfahreruniform erlassen, dann wäre es ein glücklicher Tag für eine weitere Frau in ihrem Haus gewesen, aber so weit ging es dann doch nicht!

Die Trauung war an einem sonnigen Tag im Mai und sollte mir in Erinnerung bleiben. Wer allerdings »die Zahnspange« ausgewählt hatte, um die Ringe auf einem Kissen in die Kirche zu tragen, bleibt mir noch immer ein Rätsel. Das arme Mädchen war so konzentriert, die goldene Fracht sicher an den Altar zu bringen, dass sie nur noch auf das Kissen schaute. Es kam, wie es kommen musste, sie rannte in »die muffige Frühreife«, die vor ihr lief, und die Ringe fielen zu Boden. Zu diesem Zeitpunkt bereute ich, nicht den Vorschlag gemacht zu haben, die Ringe seitlich in ihr Mundstück zu hängen, was dem armen Ding das Kissen erspart hätte und uns die erhebliche Verzögerung. Einer der Ringe war für gefühlte Stunden verloren, da die versammelte Gesellschaft jetzt gemeinsam den Boden nach ihm absuchte. Es war nach meinem Dafürhalten ein Zeichen des Himmels, da es sich um den Ring des »Blödglotzers« handelte. Der Organist spielte und spielte und es war das längste Musikstück, das ich jemals in einer Kirche gehört habe! Ich bin mir sicher, keine royale Hochzeit hatte jemals so einen langen Vorlauf, auch wenn alle Adeligen der Welt eingeladen gewesen wären. Zum guten Schluss fand »der kleine Moppel« das Ringlein und einer der Anwesenden versuchte, den Wonneproppen zum Lohn in die Luft zu stemmen. Es misslang und in diesem Moment dankte ich dem Himmel, das Kleidchen nicht gekürzt zu haben, bereute aber die Tiara, die jetzt schief auf dem Mondgesichtchen saß und für eine weitere Verzögerung verantwortlich gemacht werden konnte, da die Kleine nur von mir wieder gekrönt werden wollte. Der Bräutigam sollte dann noch so zeitversetzt Ja sagen, dass alle Anwesenden schon vermuteten, er würde es sich noch einmal anders überlegen, und ich und sicher auch einige andere hofften, der Tochter bliebe dieser Mann erspart.

Beim Verlassen der Kirche stand ich auf einmal neben dem Vater der Braut, er lächelte mich an und drückte meine Hand. Seine rauen und spröden Hände passten so gar nicht zu einer romantischen Hochzeit, den Kleidchen, den Blumenmädchen und der Braut, die seine älteste Tochter war. »Das haben

Sie gut gemacht«, sagte er, »immer wenn Sie in unserem Haus sind, dann höre ich das Lachen meiner Familie bis in den Garten und manchmal retten meine Töchter diese Fröhlichkeit bis in den nächsten Tag …« »Danke«, sagte ich verlegen und in diesem Moment fiel unsere gemeinsame Aufmerksamkeit auf den Schwiegersohn, der selbstredend in die Gegend starrte und wie ein Fremdkörper wirkte, während seine Frau Glückwünsche entgegennahm. »Und was halten Sie von dem?«, fragte er und deutete auf den Schwiegersohn. Bevor ich die Frage an ihn zurück richten konnte, übergab sich »die muffige Lolita« vor unseren Augen. »Danke«, sagte er. Ich hätte es nicht besser sagen können.

Kleider, Kleider und nochmals Kleider ...

»Wenn eine Frau in einem Kleid nicht mehr bezaubern kann, ist das das Ende der Zivilisation!« GMK

WAS IST EIGENTLICH EIN ETUIKLEID UND WAS EIN SHIFTDRESS UND, UM HIMMELS WILLEN, EIN SHEATDRESS?

Wenn es um Kleider geht, dann ist es ein frommer Wunsch, sich kurzzufassen. Kleider gibt es wie Sand am Meer und das gilt auch für die unzähligen Möglichkeiten, mit diesem Kleidungsstück zu spielen, und wir Designer haben das Glück, immer wieder neue Formen entwerfen zu können. Die Definition eines Kleides ist die stoffliche Verbindung eines Rockes mit einem Oberteil oder ein aus Unter- und Oberteil bestehender Stoff. Aber Kleider sind viel mehr! Kleider gehören zu uns Menschen und am Anfang unserer textilen Sozialisation wurden sie von Männern wie Frauen getragen. Noch heute gibt es Kulturen, in denen Männer lange Kleider mit Ärmeln tragen. Kleider waren zu allen Zeiten unserer menschlichen Zivilisation nicht nur praktischer Schutz, sondern eben auch Ausdruck von gesellschaftlichem Stand und Status. Es wäre eine lange Aufreihung von Fakten nötig, um die Geschichte des Kleides zu erzählen. Deshalb möchte ich einiges überspringen und wähle das Jahr 1820 als meinen Einstieg in die Kleiderwelt, die uns noch bis heute begleitet. Am Anfang des 19. Jahrhunderts unterschied man Putz- und Tageskleider für das einfache Volk. Das sollte sich aber ändern, ein neuer Zeitgeist sollte den Stil der Kleider und der Mode nachhaltig verändern. Flanieren und Parkbesuche wurden immer mehr zum Schaulaufen und das wachsende Bürgertum verlangte nach neuen Kleidern. Es gab Promenadenkleider, Stadtkleider, Reisekleider, Ballkleider, Teekleider und Morgenkleider. Die Geburtsstunde des Negligés. Ein Hauskleid wurde zum Inbegriff von elegantem Lifestyle und Weiblichkeit. Ab 1885 kamen dann Sportkleider in Mode. Frauen trugen Tenniskleider, und für das Fahrrad wurden Radkleider entworfen. Das Reitkleid der Amazonen hatte einen hosenähnlichen Unterbau und war ein Wegbereiter in der Frauenmode. Diese Schnittmuster waren die Vorreiterinnen unserer heute bekannten Kleider und änderten das Frauenbild entscheidend. Die Kleider, die wir heute entwerfen, sind vielfältig wie ihre Trägerinnen, aber ich möchte die wichtigsten einmal etwas genauer beschreiben.

Etuikleid

Das Etuikleid hat einen festen Platz in der Garderobe nahezu jeder Frau. Mit seinem einfachen Schnitt und dem schnörkellosen Design ist es vielseitig einsetzbar. Es kann im Büro, aber auch zu einem Abendessen getragen werden. Doch es musste erst seinen 40. Geburtstag feiern, bis es sich endgültig in der Modewelt durchsetzte. In den 60er-Jahren erfreute sich das Modell mit der engen Passform und dem stillen Design zum ersten Mal großer Beliebtheit. Dank der damaligen First Lady Jackie Kennedy wurde das Etuikleid *en vogue*. Sie trug in ihrer Freizeit die Modeentwürfe ihrer alten Schulfreundin Lilly Pulitzer. Als die internationale Presse die Fotos von Jackie

Kennedy in einem dieser Etuikleider veröffentlichte, war ein neues It-Piece geboren. Jede Frau wollte so ein Kleid.

Später schreibt Lilly Pulitzer: »Jackie hat eines meiner Kleider getragen, das aus Stoff für Küchenvorhänge gemacht war, und die Leute waren verrückt danach. Alle liebten sie und ich rutschte so ins Modegeschäft.« Der einfache Schnitt und die züchtige Länge des Kleides (knapp bedeckte Knie) waren wie gemacht für die offiziellen und privaten Auftritte der legendären First Lady.

Der elegante Schnitt ist zeitlos, der brave Ausschnitt und die Miniärmel legen nie zu viel Haut frei.

Zu dem entweder gerade oder leicht ausgeschnittenen Schnitt passen perfekt: ein Cardigan und Kitten Heels. In dieser Kombination wurde es zur »Uniform« der US-amerikanischen First Ladies.

Nancy Reagan, Laura Bush und auch Michelle Obama tragen und trugen diesen Look bis heute.

Das Shiftkleid

… wird immer wieder mit dem Etuikleid verwechselt. Das Shiftkleid ist ebenso ein stiller Begleiter der Frauen, doch ist es an der Taille und der Hüfte weiter geschnitten. Es hat gern einen waagerechten Ausschnitt, hat aber nie horizontale Teilungsnähte. Dieses gern auch einmal ärmellose Kleid ist optimal für alle Frauen, die an Bauch und Hüfte einige Kilos zu viel haben. Es ist wunderbar zu geraden kurzen Mänteln und kann perfekt mit Stiefeln getragen werden. Das Shiftkleid sollte eigentlich in keinem Schrank fehlen. Es ist leider nicht so populär wie das Etuikleid, aber ein verlässlicher Helfer, wenn es darum geht, etwas zu kaschieren!

Das Sheatkleid ist ein Schlauchkleid

… und hat seine Anhänger wie Ablehner. Wer einmal einem Schlauchkleid verfallen ist, der trennt sich ungern von diesem praktischen Freund. Es ist entweder rund gestrickt, das ist dann »nahtlos« und dann ist es auch egal, wie Sie es anziehen. Es gibt sie aber auch mit einer oder zwei Nähten. Diese Kleider machen etwas schlanker, wenn sie aus einem festeren Jersey gefertigt werden. Diese Kleider sind wunderbar praktisch, lassen sich als langer Rock, als kurzes Kleid oder als Minidress variieren. Ein guter Schuh, ein Oberteil wie Top, Bluse oder Blazer und fertig ist der Look. Sheatkleider werden gern mit weiten Pullis kombiniert und sehen wunderbar aus. Die einzige Einschränkung ist nur, Sie sollten mit Ihrer Figur zufrieden sein, wenn Sie so ein Schlauchkleid »solo« tragen. Aber die Damen, die etwas Bauch und Po verdecken wollen, aber gute Beine haben, können mit etwas Geschick den Röllchen ein Schnippchen schlagen. Extrem dünne Frauen sollten Abstand von Sheatkleidern nehmen, denn sie lassen sie noch dünner wirken. Ausnahme: Schlauchkleider mit großen Mustern, und auch Animalprint kann etwas helfen. Ob allerdings ein Raubtier im Schlauch die beste Wahl ist, können nur Sie entscheiden.

WIE TRAGE ICH UND VOR ALLEM WER SOLLTE WELCHES KLEID TRAGEN?

Die wichtigsten Grundformen sind: das Trapezkleid in A-Form, das Hemdkleid in H-Form, das Dreieck in V-Form, das Ballonkleid in O-Form. Die Kleider können glockig oder gerade geschnitten sein, haben Träger oder Neckholder oder enden oberhalb der Brust mit einem Bustier oder Gummizug. Es gibt Mini-, Midi- und Maxikleider, und jede Länge dazwischen ist auch erlaubt und ist immer abhängig von der Proportion und der Größe der Trägerin. Auch spielt die Hautfarbe und die Haarlänge für manche Kleider eine nicht zu unterschätzende Rolle.

Etuikleider

… können von allen Frauen getragen werden. Ausnahme sind Damen, die ihre Beine nicht zeigen wollen, aber es gibt ja immer noch lange Röcke und Hosen. Diese Kleider sind wunderbar mit spitzen Pumps und kleinen Ballerinas und auch eleganten Ankle-Booties. Der Schmuck sollte immer reduziert und ausgewählt sein, Perlen sind der Klassiker. Seidenstrümpfe sind obligatorisch, sie machen einfach schöne ebenmäßige Beine. Die Tasche dazu bitte immerimmer klein und fein!

Shiftkleider

… sind wunderbar für alle Frauen mit etwas Bauch und Po. Es gilt alles, was auch für ein Etuikleid gilt. Einzige Ausnahme: Es geht wunderbar großer Schmuck. Stiefel und auch wollige Strümpfe können modern und lässig aussehen!

Sheatkleider

… eignen sich für alle Frauen, die es gern eng und sexy lieben. Ausnahme sind alle, die nicht wie eine Presswurst aussehen wollen, und wenn mein Ausspruch »Rollbraten« einen Ursprung hat, dann von diesem Kleid an der falschen Frau. Ein Schlauchkleid, wie bereits erwähnt, mit einer langen Bluse, Jacke oder einem Mantel, kann in dunklen Tönen auch an einer molligen Frau gut aussehen.

Minikleider

Wie es der Name schon sagt, ist Mini irgendwie klein, und wer nicht nur groß, sondern auch noch breit ist, der sollte Mini vergessen. All die schlanken jungen Frauen können sie immer tragen. Je älter eine Frau wird, desto länger könnte auch ihr Rock werden. Mini an einer älteren Dame ist immer etwas gewöhnungsbedürftig …

Ballonkleider

Etwas aus der Mode gekommen und ein Renner in den 80er-Jahren. Eine Form, die man lieben muss. Ich tue es nicht und sie ist nach meinem Gusto nur von großen schlanken Mädchen optimal zu tragen. Ballonkleider sind am schönsten in schlichten Stoffen und können mit dezentem Schmuck sehr hübsch sein. Wilde Muster tragen bei diesem Kleid extrem auf und können nur mit einer schmalen Taille ausgeglichen werden. Ein Miniballonkleid mit Gummizug über dem Busen und Stiefeln an einer kleinen molligen Frau (erst gestern gesehen) ist ein Albtraum und nicht zu empfehlen!

Hängekleidchen

Diese praktischen Kleider sind die Freimaurer unter den Kleidern. Die Anarchisten, die sich über die Figur legen und die Form eben Form sein lassen. Es gibt sie in allen Ausführungen: mit Rundhals, tiefem Dekolleté, Carmenausschnitt, mit Stehkragen und Knopfleiste, mit kleinen Bubikrägen, mit Trägern und mit Bändern zum Knoten, es gibt sie von Hippie- bis Uniformkleidchen. Mit kleinen und großen Taschen, und ohne sind sie auch nicht weniger beliebt. Ausnahme: Die Farbe, das Muster oder einfach Ihr Körper passt nicht dazu! Frauen, die gern ihre Kurven präsentieren, sollten die Finger von Hängekleidchen lassen. Schwangere werden sie aber dafür umso mehr lieben und auch im Sommer sind sie ein unverzichtbarer Begleiter. Hängerchen rufen, wenn eine erwachsene Frau sie trägt, bei mir schnell die Assoziation auf, es handele sich um Sarah Kay oder die Kinder aus Bullerbü, die den Absprung nicht geschafft haben. Hängerchen im Landhausstil sind sicher etwas für Fortgeschrittene. Eine von ihnen ist meine Nachbarin und ich warte auf den Tag, an dem Bosse und Lasse zu Besuch kommen und »Hallo Guido« rufen.

Ball-, Cocktail- und Abendkleider sowie das kleine Schwarze bekommen ein eigenes Kapitel, weil sie es verdient haben.

LEBENSKLEIDCHEN

Als ich den Brief in den Händen hielt, brauchte ich noch einen weiteren Tag, um ihn zu öffnen. Ich hatte ihn nicht so rasch erwartet. Er lag eines Morgens auf meinem Schreibtisch, da wusste ich, dass sich das Leben von ihr verabschiedet hatte. Warum ich das wusste? Weil ich es spürte und weil er so obenauf lag, so unausweichlich oben. Das blassblaue Kuvert war an den Ecken mit Tesafilm verstärkt und die Briefmarke mit dem Porträt von Marlene Dietrich thronte perfekt platziert in der rechten oberen Ecke. Die Adresse war mit blauer Tinte fein säuberlich und mit Sorgfalt geschrieben. Es war alles richtig gemacht worden, er sollte seinen Empfänger erreichen! »Die Dietrich war genau die richtige Briefmarkenwahl«, dachte ich. Als Marlene 17 Jahre jung war, hatte sie sicher noch keinen Gedanken daran verschwendet, dass sich noch Jahrzehnte nach ihrem Ableben Menschen an sie erinnern und sie eines guten Tages von hinten angeleckt wird. Unsterblichkeit gibt es nicht, aber die Erinnerung ist wie dem Tod ein Schnippchen zu schlagen, von denen, die noch leben. Auf einer Briefmarke die ewige Ruhe zu finden ist ein reizvoller Gedanke: geklebt, verschickt, empfangen, sehnlichst erwartet zu werden und grenzenlos und weltweit ein Wertzeichen zu sein. Ein kleines Bildchen mit einer Zahl reicht aus, um von einem Briefträger in den letzten Winkel der Erde gebracht zu werden. Man kommt rum und endet im optimalen Fall als Sondermarke in einem Album eines älteren Philatelisten und wird nur noch mit Handschuh und Pinzette berührt oder als Schatz eines Jungen in einer Zigarrenschachtel aus dünnem Holz aufbewahrt. Ob Kinder heute noch Briefmarken von Kuverts lösen? Vermutlich nicht, denn eine Mail braucht keine Marke und auch keine Verstärkung aus Tesafilm an den Ecken.

Ein handgeschriebener Brief kommt nie aus der Mode, wie der Wunsch, ein gutes Leben zu haben!

Eigentlich ist es doch fast jeder wert, auf einer Briefmarke ein Plätzchen zu finden, hat nicht jeder etwas Wunderbares vollbracht? Jeder, der geht, sollte erinnert werden, ein tröstlicher Gedanke in einer Welt, in der der Abschied unausweichlich ist. Etwas Bemerkenswertes zu schaffen geschieht doch meistens fernab der Öffentlichkeit und ist von jedem von uns an jedem Tag möglich. Unsere Leben sind so individuell wie stereotyp. Hat jeder von uns, seit seinem ersten Atemzug, die Möglichkeit, alles zu werden? Geht uns von allein hin und wieder der Atem aus oder sind es die Menschen, die Aufgaben oder das Schicksal, das uns gern mal die Kehle zuschnürt? Wer weiß das schon – an diesem Tag war es ein Brief aus blauem Papier. Niemand leckt eine Briefmarke, ohne vorher einen guten Zug Luft genommen zu haben. Wie viele Atemzüge sind Luise noch geblieben, nachdem sie ihre Zeilen an mich auf den Weg brachte – und mit ihrem Speichel Marlene Halt gegeben hat. Ich verstaute den blassblauen Umschlag in meiner Jackentasche und versuchte ihn für den Moment zu vergessen, was aber nicht gelang. Schlechte Nachrichten sind immer sehr aufdringlich, egal wie gut man die Botschaft versteckt. Mehrmals an diesem Tag betrachtete ich still das Brieflein. Ich konnte ihn nicht öffnen. Erst jetzt fiel mir auf, dass er kleiner war; kein

Standardformat. Wie auch, so eine mutige Siebzehnjährige konnte mit Standard nicht viel anfangen, es war auch nicht normal, so jung zu sterben!

Als ich das erste Mal von Luise hörte, war sie sechzehn wunderbare Jahre alt. Sechzehn kann herrlich sein, wie sechs Wochen Sommerferien, die vor einem liegen. So jung, so unendlich viel freie Zeit.

Was kann da alles passieren, wie viel Gepäck braucht es, wenn sechzehnjährige Träume auf Reisen gehen! Eigentlich schade, dass wir in dem Alter nicht nur glücklich sind. Mit jedem Jahr, das uns das Leben schenkt, empfinden wir sie etwas schneller: die Zeit. Sie nimmt Fahrt auf. Warum ist das so? Es kann doch nicht schon wieder März sein, ist die Frage, die oft noch zwischen Sommer und Herbst passt, um dann schon wieder den Weihnachtsbaum zu besorgen. Natürlich hat ein Jahr nur 365 Tage, aber wenn jeder einzelne zählt, dann ist es eine ganz schöne Menge an Zeit, Lebenszeit! Mein Jahr ist zwei mal 6 Monate lang, von der Sommer- zur Wintersaison – ein Modejahr. Wenn es draußen wärmer wird, dann entwerfe ich etwas für den Herbst-Winter, und in der kalten Jahreszeit träume ich mich in den textilen Frühling und Sommer – des nächsten Jahres, versteht sich. Ob mein Leben entschleunigter wäre, wenn ich einen anderen Beruf hätte? Wer weiß …

Als Luise mir den ersten Brief schrieb, war sie schon sehr krank. Ihr erster Satz an mich lautete: »Guido, jetzt liege ich hier und versuche mich mit aller Kraft auf die Sommerferien zu freuen, doch es gelingt mir nicht, ich will zurück in mein altes Leben. Möchte von der Schule nach Hause kommen, die Tasche in die Ecke werfen und mit Dir um 15 Uhr Hausaufgaben machen. Ich wünsche mir heute ein Sommerthema und dass ich meine erste Chemotherapie verkrafte …« Luise hatte

sich beim Sport den Knöchel verstaucht, ein Moment der Unachtsamkeit oder nur ein schmerzlicher Hinweis des Lebens, um von ihrem Bein eine Röntgenaufnahme zu machen. Es wurde ein Zufallsbefund, schrieb sie – Knochenkrebs; ein sehr weit fortgeschrittenes Stadium. Sie stellte sich der Diagnose, schrieb sie, und dass sie gern mit mir einen Pakt schließen wolle. »Ich überlebe und Du machst mir ein Kleid für meine Abiturfeier.« Mein erster Brief begann mit den Worten: »Abgemacht, Luise!«

In den folgenden Monaten schrieben wir uns Mails, nicht weniger intensiv, aber ohne Briefmarken und verstärkte Ecken. Luise träumte von Spitze und Seide und lernte täglich den Schulstoff, den sie verpasste. Woher sie die Kraft nahm, den Mut, auf das Wunder zu hoffen, obwohl ihre Prognose schlecht war? Niemand wusste es. Luise wollte die Schule beenden, es fertig machen. Sie schrieb: »Ich habe damit angefangen, dann bringe ich es auch zu Ende.« Als ich sie fragte, was sie machen wolle, wenn sie ihr Abitur hätte, schrieb sie: »Ich werde nichts machen. Es gibt kein Danach ...«

Ich schickte das Kleid in die Klinik, es war hellblau, aus Spitze, und es war nicht zum Tanzen gemacht worden. Sie hat in diesem Kleid nicht mehr gestanden, geschweige denn sich gedreht, aber sie hat es geliebt. Sie trug es im Liegen. Der einzige Satz in ihrem letzten Brief, dem blassblauen, lautete: »Danke, Guido, ich werde es anbehalten – Dein wunderbares Lebenskleidchen.«

Das Abschlussballkleid
oder das Promdress

»Ein Abschlussballkleid hat sich jede junge Frau verdient,
egal wie schlecht der Notendurchschnitt auch ausgefallen ist,
Hauptsache, sie passt rein und sieht toll aus.« GMK

WAS IST EIN ABSCHLUSSKLEID
UND DAS »PROMDRESS«?

Junge Frauen haben es nicht leicht. Erst müssen sie sich durch Fächer wie Mathematik und Physik kämpfen und dann, wenn sie alles hinter sich haben, dann kommt noch der Stress mit dem Kleid für den Abschlussball. Einladungen, Tischkarten, Liveband und Notendurchschnitt, alles nicht so wichtig. Solange das perfekte Abschlusskleid nicht gefunden ist, kann die Episode »Schule« nicht abgeschlossen werden. Es liegt in der Natur des weiblichen Geschlechts, dass an diesem Tag »Zahltag« ist. Jeder geliebte Mitschüler sowie natürlich besonders die nicht so gemochten Klassenkameraden und vor allem die Lehrer, die mitunter auch nicht immer die Verbündeten waren, sollen an diesem letzten Tag einen bleibenden Eindruck mitnehmen. Wenn schon eine ewige Niete in Mathe, dann aber bitte schön die Schönste des Abends! Der Schwarm in der siebten Klasse, der sich für »Chantal« entschieden hat, soll jetzt auch endlich einmal vorgeführt bekommen, was ihm entgangen ist. Eine Traumfrau wird eben hin und wieder auf so einer Veranstaltung geboren. Passend zum Rahmen der Veranstaltung entscheiden sich die Absolventinnen für eine lange Robe, ein Cocktailkleid oder, wenn das Fest unter einem festen Motto steht, natürlich für eine dazu passende Garderobe. Den »Wahnsinn« vom richtigen Kleid für den Abschlussball haben wir uns von den Amerikanern abgeschaut. Dort dreht sich im *senior year* der Highschool alles um das *prom dress* und natürlich die *prom queen*. Welche junge Dame träumt nicht davon, die Schönste der Schule zu sein!? Symbolisch steht der Prom auch dafür, dass die Absolventen sich von ihrem jugendlichen Leben verabschieden und nun erwachsen werden. Wie könnte so ein Moment besser zelebriert werden als mit einem Traumkleid? Deshalb ist der Dresscode gehoben, und auch die Jungs tragen häufig zum ersten Mal einen schwarzen Anzug und viele Mädchen ihr erstes Ballkleid. Prom ist das englische Wort für Ball, deshalb sagen die Amerikaner auch *prom night* zu dieser Veranstaltung.

WORAN ERKENNE ICH DAS OPTIMALE ABSCHLUSSKLEID?

Es sollte wie alles, was wir tragen, zu uns passen und nicht verkleiden. Es sollte der Realität entsprechen und das Schönste an uns hervorheben und es sollte elegant und dabei immer auch noch jugendlich sein. Aber Achtung: Im »Ich-will-die-Schönste-sein-Wahn« sollten die Absolventinnen nicht völlig übertreiben. So eine Veranstaltung ist nicht der Oscar, obwohl manche von uns glauben, an diesem Tag das Wichtigste gewonnen zu haben, die Freiheit! Auch ist ein Abiball nicht der Rosenball in Monte Carlo und die lieben Eltern sollten, nachdem sie ja auch nicht ganz unbeteiligt an der Schulzeit ihrer

Kinder waren, nicht auch noch einen Kredit aufnehmen, um die Wünsche der Tochter nach einem Traumkleid befriedigen zu können. So ein Kleid muss immer den jugendlichen Charme unterstreichen, wichtig, solange man ihn noch hat. Und wann, wenn nicht an diesem Tag? Wer bei seinem Abschlussball schon aussieht wie seine Klassenlehrerin, der wird es auch nicht immer leicht haben! Ein optimales Promdress sollte auch zum Tanzen geeignet sein. Eine Tochter durfte einmal das Kleid ihrer Träume bei mir in Auftrag geben. Ich habe ohne Unterlass auf sie eingeredet, aber sie wollte ein Kleid mit einer meterlangen Schleppe und sie hat dann den ganzen Abend gesessen, was dann sicher auch kein Vergnügen war. Auch sollte nicht die gesammelte Erbmasse einer Familie an Schmuck auf so einer Veranstaltung getragen werden. Abiturientinnen, die behangen sind wie Weihnachtsbäume, wirken oft altbacken – und die Fotos verfolgen sie ein Leben lang! Wer schon einmal in den Genuss eines Klassentreffens gekommen ist, der weiß, wovon ich rede! Ebenfalls schwierig: der Lotterielook zum Abschluss. Leider bleibt einigen nur die totale Verweigerung, da diese Aktion dann eh keinen Einfluss mehr auf die Benotung und das Ansehen bei den Lehrern hat. Nicht immer geht es so gut aus wie bei einem 20-jährigen Bayern, der zu seinem Abiball in Jogginghose und Unterhemd kam. Er hatte bei Facebook abstimmen lassen, in welchem Outfit er zu dem eigentlich glamourösen Fest kommen sollte. Über 100 000 Menschen entschieden sich gegen den schwarzen Anzug. Seine Eltern, Mitschüler und Lehrer nahmen seinen »Look« mit Humor. Eine lustige Aktion, die aber auch nach hinten losgehen kann …

WER KANN EIN ABSCHLUSSKLEID TRAGEN?

Erst einmal alle, die auch einen Abschluss gemacht haben. Natürlich kann jeder Abschlussball spielen und ein Fest organisieren, ob die Eltern sich freuen, steht dann auf einem anderen Blatt. Wichtig ist bei der Wahl, es muss passen, es darf überraschen und es sollte die Trägerin und die Anwesenden verzaubern! Es gibt keine Beschränkungen hinsichtlich Farbe und Form und auch ein Langes oder Kurzes ist angemessen. Wer schockieren will, sollte sich in Ruhe überlegen, ob ein Lackkleid im Dominastil die richtige Wahl ist. So geschehen auf einem Abschlussball einer lieben Kundin. Ihre Tochter kam in Lack und Leder und die gute Mutter kann dieses Bild nicht mehr vergessen und ich muss noch immer schmunzeln …

Wer gerade auf der Suche nach dem perfekten Promdress ist, der schaue sich zur weiteren Inspiration in Sachen Form und Schnitt vielleicht die Kapitel »Abendkleid«, »Kleider, Kleider«, und »Das Cocktailkleid« an.

DAS COCKTAILKLEID ODER DIE FÄHIGKEIT, EINFACH MAL LOCKER ZU LASSEN

Ich möchte jetzt von einer Dame erzählen, die ohne Vorwarnung in mein Leben trat und recht bald neben mir einnickte. Die Frau huschte in mein Leben, indem sie im letzten Moment noch zu mir in den Fahrstuhl sprang. Eine Reisebegleitung, für geplante vier Stockwerke.

Warum einige unserer Mitmenschen ihre Hände und Beine freiwillig noch in eine sich schließende Fahrstuhltür stecken, ist mir unbegreiflich! Nach meinem Dafürhalten ist es nur gefährlich und dusselig. Eine Lichtschranke ist eben auch nur etwas Licht, das verhindern soll, was einige gern provozieren, sein Leben oder, vielleicht etwas realistischer, seine Finger oder Füße zu opfern, um noch in einen Lift zu kommen. Das ist doch, gelinde gesagt, nicht nur dusselig, sondern dämlich! Ich habe sicher auch schon einige Male unter Zeitdruck vor einem Aufzug gestanden, aber wenn die Tür vor mir zugeht, dann warte ich auf die nächste Mitfahrgelegenheit. Es sei denn, eine freundliche Hand eines bereits an Bord stehenden Passagiers drückt den Knopf mit den zwei Pfeilen. Dann sage ich brav Danke, steige aber auch dann nur ein, wenn ich das grob überschlagene Gesamtgewicht mit der Tragfähigkeit in Sekunden abgeschätzt habe. Ich lese immer, für wie viele Personen ein Aufzug gebaut wurde, und frage mich jedes Mal, was passieren würde, wenn diese absurden Angaben auch als reale Mitfahrer neben mir stehen würden. Ein Albtraum! Wer kommt denn auf die Idee, dass zwölf Menschen auf nicht einmal zwei Quadratmetern an Seilen durch ein Gebäude gezogen werden wollen, und dazu noch in einer Kiste mit vier geschlossenen Wänden und einem Deckel? Zwölf ist doch nicht gleich zwölf. Ein gutes Dutzend dünner Teenager braucht doch weniger Platz als die Vorsitzende und der gesamte Vorstand der »molligen Gruppe Klein-Flottbeck e. V.«. Sobald ein Aufzug nur eine Glaswand aufweisen kann, traue ich dem Gefährt mehr zu und könnte mir unter Umständen wirklich vorstellen, dass elf weitere Passagiere möglich wären – natürlich nur die Teenager! Schwierig würde es nur dann, wenn die erste Vorsitzende und ihre Stellvertreterin dabei wären, dann könnten nach meinem Dafürhalten noch sechs Untergewichtige und meine Wenigkeit einsteigen, das wären dann auch wieder fast 12.

Das Leben der anderen ist ja auch in einem voll besetzten Aufzug nicht nur für eine kurze Zeit zu beobachten, sondern leider auch zu spüren. Wer kennt nicht den glücklichen Umstand, einen leeren Aufzug zu betreten. Die zuvor Eingestiegenen geben doch häufig dem Zusteiger das Gefühl, Hausbesetzer zu sein. Beim Betreten wird nach unten geschaut oder die Lichtinstallation in der Decke begutachtet. Wer im Erdgeschoss auf »Etage 6« drückt und auf eine reibungslose Fahrt ohne Zwischenstopp hofft, den nenne ich Optimist! Wenn aber der Kasten an jeder Etage hält und schon bei Stockwerk 2 sechs dazusteigen, die mit ihren Koffern nach unten wollen, dann frage ich mich manchmal schon, ob es eine gute Idee war, den Lift zu benutzen.

Der Fuß zwischen der Tür ist bei einem Vertreter an der Haustür vielleicht ein probates Mittel, ich möchte auch weiter mit ihnen sprechen, aber geschäftsfördernd sieht nach meinem Dafürhalten auch anders aus. Wie oft schon war ein kurzer Stopp oder ein mutiges Bein die Unterbrechung der gerade beginnenden Fahrt in die oberen Stockwerke. Ein Aufzug für Fortgeschrittene ist der aus der Mode gekommene Paternoster. Wer im richtigen Moment springt, fährt mit – so das Prinzip dieser Erfindung. Es braucht vor allem etwas Mut, im richtigen Moment einzuspringen. Also für Rentner und Gehbehinderte eher ungeeignet. Paternoster haben sich zu Recht nie richtig durchgesetzt, würde ich mal sagen. Aber ich komme jetzt langsam wirklich ab von meiner Geschichte und nehme flink den nächsten Lift zurück zum Cocktailkleid. Ach, vielleicht noch ein kleiner Zusatz: Es war nicht unwichtig, dem Fahrstuhl etwas Raum zu geben, wir sollten nämlich in einem solchen stecken bleiben.

Es handelte sich um einen dieser späten Abende, an denen ich ermüdet und manchmal auch mit letzter Kraft den Knopf des gewünschten Stockwerkes drücke. Endlich im Hotel ankommen ist nach einem langen Tag wunderbar! In der Regel steigen zu dieser Uhrzeit gern mal leicht angetrunkene Hotelgäste ein, die auch schon einmal sagen: »Ich glaube es nicht, der Guido! Wie viel Punkte bekomme ich denn?« Oder: »Sie sind aber auch spät dran«, was durchaus der Wahrheit entspricht. Besonders mag ich: »Sie sehen ja viel jünger und schlanker aus. Darf ich sie mal drücken?« Ich drücke gern und bin meinen lieben Eltern noch immer dankbar, dass ich drückfähig bin.

Das Erste, was ich von meiner neuen Mitreisenden sah, war ihr Bein, in letzter Minute zwischen der Fahrstuhltür auf Etage zwei. Gottlob verfügte der Hotellift über eine funktionierende Lichtschranke, somit wurde ihr Bein nicht eingequetscht. Ich gehöre allerdings nicht zu den Ich-drücke-mal-eben-auf-den-Knopf-mit-den-beiden-Pfeilen-Menschen. Also, Glück für ihr Bein und »Danke!« der Lichtschranke. Wer zu spät kommt, fährt mit der nächsten Bahn, ist da meine Devise. Es könnte ja auch immer eine ernst zu nehmende Gruppe hinter einem einzigen Bein stehen, was die zugelassene Tragkraft erheblich überschreiten könnte. Nein, da gibt es keine Fahrt mit dem »Ach, guck mal, der Guido!«.

An dem mutigen Beinchen hing nur eine Dame. Halleluja! Sie war allerdings ziemlich angetrunken und in einem sehr gewagten Kleid. »Sehr gewagt« entpuppte sich bei genauerem Hinsehen als textiler Albtraum! Sie bat mich, die 4 zu drücken, und im nächsten Moment drückte sie selbst auf einen Knopf, den ich noch nie berührt hatte – STOP! Was soll ich Ihnen jetzt sagen? Das Ding blieb tatsächlich stehen und mir fast das Herz. Bevor ich sagen konnte: »Was haben Sie nur getan?!«, drückte sie erneut auf einen Knopf und es machte ein seltsames Geräusch. Geräusche in Fahrstühlen sollten maximal von der wieder aufgehenden Tür ausgehen. Auch ein kleines »Bing« würde mich nicht stören oder, wie in New York gern, der von einer Maschine gesprochene Satz: »Second floor, mind the gap.«

»Mind the gap« war nicht unser Problem. Das Ding wollte nicht weiterfahren, ich schon. Dem stark angetrunkenen Albtraumkleid machte unsere von ihr verschuldete Pause nichts aus, da sie mich nur anlächelte und zweimal »Vierter Stock, bitte« sagte, das aber zumindest klar und deutlich. Dadurch wurde sie mir nicht sympathischer und auch ihr Alkoholpegel sank leider nicht. Im Sinkflug war dagegen meine Stimmung, da sich, obwohl ich jetzt schon mehrmals den vierten Stock gedrückt hatte, der Lift keinen Millimeter rührte. Na bravo, wir steckten fest oder hatten zumindest ab jetzt ein gemeinsames Problem. Das einzig Gute an dieser Situation war, dass sie alleine war und mir die fehlenden 10 Personen zur Überschreitung der Tragfähigkeit erspart geblieben waren. Das Knöpfchen mit dem Telefonhörer und meinem Satz: »Hallo, wir stecken fest!« wurde durch ein »Hilfe! Ich will hier raus!« übertönt. Die Unfallverursacherin hatte wohl erst in jenem Moment realisiert, dass die Fahrt vorbei war, und Panik breitete sich in ihr aus wie vorher der Prosecco. Leider wurde uns nicht geantwortet, was das Schlechte an der Situation war. Es brauchte mehrere Versuche und gefühlte 12 Tage, bis ein Hotelmitarbeiter zweimal »Hallo, ich höre Sie!« rief. »Hallo! Hallo!«, schrie das angetrunkene Cocktailkleid, welches mittlerweile auf dem Boden zu meinen Füßen saß und sich an meinen Koffer lehnte. Der Hotelhelfer stellte sich als etwas unzuverlässig heraus, da er erst mal für gefühlte Minuten abtauchte. Für einen Moment dachte ich: »Ja super! Wo ist die versteckte Kamera?« Und sah mich schon um 20:15 Uhr bei Guido Cantz auf dem Sofa sitzen, dankbar, der Angetrunkenen und Hysterischen keine runtergehauen zu haben. Die Sitzende machte sich nun an meinem Koffer zu schaffen und ich dachte, Kurt Felix hätte damals sicher nicht zugelassen, dass meine Klamotten vor die Kamera gezerrt werden, na ja, die Zeiten werden auch beim Fernsehen härter und wenn es der Quote diente – ok, ich war dabei! Als sie jedoch sagte: »Oh, mir ist so schlecht!«, da dachte ich wirklich für einen Moment, es gibt keinen Gott. Sollte die mir jetzt auch noch in den Koffer spucken, dann wäre aber auch langsam meine Grenze erreicht. Die erlösende Nachricht »Bleiben Sie ruhig. Wir holen Sie da raus« entspannte mich auch nur für einen sehr kurzen Augenblick. Die Antwort auf die Frage »Wie viele sind Sie?« musste

auch den Hotelsprecher beruhigt haben, da er, als er »Zwei«
hörte, säuselte: »Na, dann haben Sie ja etwas Platz in Ihrer
Festung.« Ich dachte: »Na, dann ist es ja etwas anderes. Wir
sollten uns also freuen …« Allerdings sagte ich in die Gegen-
sprechanlage: »Danke! Aber auch zwei wollen befreit werden.«

»Logo!«, lautete die Antwort. Da wusste ich, unsere Ret-
tungsmaßnahme wurde von einem Auszubildenden geleitet –
Glück muss man haben! Die Zweite im Bunde fing an, etwas
unruhiger zu werden, aber sprach jetzt nicht mehr vom Über-
geben, was eine deutliche Verbesserung unserer Lage war.
Wie aus dem Nichts kam eine weitere Durchsage des Auszubildenden: »Was haben Sie gemacht? Haben Sie den Aufzug
zum Stoppen gebracht?« Der Jungspund analysierte die Situation und das war dann schon einmal ein Schritt in die richtige
Richtung und ein sehr gutes Zeichen, aber die Antwort, die ich
ihm gab, zog eine minutenlange Pause nach sich. »Die angetrunkene Dame hatte wohl versehentlich am falschen Schalter
gezogen.« »Angetrunken?«, fragte sie, »Ich glaube, Sie haben
mich gerade beleidigt.«

»Ach so …«, sagte der Azubi nach weiteren Minuten. Und
so etwas wie: »Dann geht es gleich weiter, bleiben Sie ruhig.«
Hätte er gesagt: »Bleiben Sie, wo Sie sind«, dann hätte ich laut
gerufen: »Versteckte Kamera!« Meine Mitgefangene machte
es sich inzwischen deutlich bequemer, sie hatte ihren Kopf auf
meine Tasche gelegt und brummte so etwas wie: »Scheiß-
abend!« Da konnte ich ihr nicht widersprechen und dachte
noch: »Scheißkleid!« Sie lag so ungünstig, dass ich auch noch
die elenden Seidenkniestrümpfe sehen musste – also, mit einer
Feinstrumpfhose hätte es mir besser gefallen. Das Kleid war
aus nachtblauer Polyesterduchesse gearbeitet, völlig überflüssig viel eingekräuselt, was den Stoff noch übertriebener er-

scheinen ließ. Kleine Schleifen verunstalteten das Dekolleté und sinnlose Strasssteine waren auf dem ganzen Elend angebracht. Heißpistolen sind auch nicht vom Modegott geschickt worden! Die Länge war an sich schon unvorteilhaft, aber es war, zu allem Übel, auch noch total verschnitten und der Saum stümperhaft geheftet. Wie sie so dalag, dachte ich für einen Moment: »Wenn es noch länger dauert, dann hefte ich ihr den Saum schnell und fange an, die Strasssteine und die Schleifen zu entfernen.« In meiner Fantasie sah ich mich schon in der Sendung *Menschen des Jahres* und hörte, wie Günther Jauch sagte: »Guido Maria Kretschmer rettete in der Not noch ein Cocktailkleid und den guten Geschmack, gefangen in einem Aufzug!« Na ja, jetzt gingen aber gerade die Pferde mit mir durch, aber es hätte geholfen … und der Günther sich gefreut. Das angetrunkene Cocktailkleid fühlte sich inzwischen sichtlich wohl und döste langsam weg. In solchen Momenten finde ich es schade, nicht auch Hobby- oder Teilzeitsäufer zu sein. Es muss doch wunderbar sein, noch vor Minuten panisch zu sein und mit der Übelkeit zu kämpfen, um schon im nächsten Moment friedlich zu schlafen. Lang lebe der Suff, möchte man da sagen. Jetzt war langsam klar, es war keine Sendung im ZDF, sondern ein Problem, und der Auszubildende hatte wohl Feierabend gemacht und die Rettung eingestellt. Wir hörten nichts mehr, nein, ich hörte nichts mehr, um genauer zu sein. Ich hatte 45 Minuten Zeit, dieses Cocktailkleid zu studieren, im Liegen wurde es auch nicht schöner. Die Tatsache, dass sie besoffen allein in ihr Hotelzimmer fuhr, sprach auch nicht gerade für die Anziehungskraft des fiesen Fummels! Minimum 20 Veränderungsvorschläge wären möglich gewesen und ich war schon kurz davor, sie auf einen Zettel zu schreiben und ihr in die Handtasche zu stecken. Was wiederum keine gute Idee war, da ich, um an den Kugelschreiber zu kommen, in meine Tasche hätte greifen müssen, und dann wäre sie wach geworden, was unsere Lage nicht positiv beeinflusst hätte. Sie schlief tief und fest und ich kann mich beim besten Willen nicht mehr an ihr Gesicht oder eine Frisur erinnern. Es ist nur ihr Kleid, das sich auf ewig in mir festgebrannt hat.

Unsere Rettung war so unspektakulär wie sonderbar. Wie aus dem Nichts ging auf einmal die Tür auf und der vermeintliche Auszubildende stand mit seinen Eltern vor der nun wiedergefundenen Freiheit. Das Cocktailkleid wurde wach, als die Mutter sagte: »Oh, entschuldigen Sie bitte, wir wollen nicht stören, wir nehmen den nächsten …«

Das Cocktailkleid

»Ein Cocktailkleid ist die kleine Schwester des Abendkleides und darf schon am frühen Abend ausgehen.« GMK

WAS IST EIN COCKTAILKLEID?

Eine Einladung zu einem Cocktail ist in aller Regel auch die Aufforderung, selbigen als Kleid zu tragen.

Cocktailpartys fanden ursprünglich am frühen Abend statt, die Stunden zwischen 18 und 20 Uhr wurden in den 20er-Jahren in New York als Cocktailstunde bezeichnet. Ein Abendkleid, wie es das Wort schon sagt, wäre zu früh, zu elegant und zu lang gewesen. Die kurzen eleganten und noch tagestauglichen Kleider für diese besondere Stunde wurden somit schnell beliebt und waren und sind heute nicht mehr aus den Kleiderschränken wegzudenken. Den schlichten Look hat dieses Modell vielen Designern vor und nach dem Ersten Weltkrieg zu verdanken, da die Reduzierung die Modemacher nur noch mehr herausforderte. Seinen Namen hat das Cocktailkleid keinem Geringeren als Christian Dior zu verdanken. Er taufte dieses kleine Kleid Ende der 1940er-Jahre auf diesen Namen und damit begann sein Siegeszug über die ganze Welt. Cocktailkleider werden bevorzugt aus Seide oder feinem Crêpe oder Jersey gefertigt, aber auch eine zarte Spitze kann wunderbar sein.

WORAN ERKENNEN SIE EIN COCKTAILKLEID?

Es überzeugt durch seine Schlichtheit, durch Eleganz und vor allem durch seine Raffinesse. Der Schnitt sollte immer feminin und aufregend sein, die Kurven der Frau sind die Spielfläche der Trägerin. Der Ausschnitt spielt bei einem guten Cocktailkleid eine untergeordnete Rolle, nicht aber die Länge. Kurz über dem Knie oder knieumspielend ist das Längenmaß und sollte nicht überschritten werden. Es darf nicht zu kurz sein und sollte niemandem die Schamesröte ins Gesicht treiben, aber es soll aufregen und beachtet werden! Vorzeige-Adelige wie die junge Herzogin Kate, First Lady Michelle Obama und auch so mancher Hollywoodstar spielen gekonnt mit diesem Kleidermodell sowie so manche von den wunderbaren Frauen, die sich gern amüsieren. Auf schicken Gartenfesten, Rooftop-Partys, Vernissagen und bei der Begrüßung von Staatsgästen sind Sie mit einem Cocktailkleid immer herzlich willkommen.

WIE TRAGE ICH EIN COCKTAILKLEID?

Mit Vergnügen, kann da nur die erste Antwort lauten! Auf jeden Fall mit einem aufregenden Schuh. Ein spitzer eleganter Pump ist die erste Wahl. Die Damen, die nicht mit Absatz laufen können oder denen der Orthopäde die rote Karte gezogen hat, dürfen auch mit einem flachen spitzen Schuh oder einem Ballerina in die Cocktailstunde tippeln. Kleine feine Gürtel sind bei schlichten Kleidern wunderbare Proportionshelfer, Gleiches gilt für zarte Seidenstrümpfe. Sollte das Kleid schlicht sein, dann kann eine aufwendige Kette, ein funkelndes Halsband oder auch eine glitzernde Brosche den zurückhaltenden

Look aufwerten. Die optimale Tasche für eine Cocktailparty sollte immer klein sein, von einer Clutch oder einer schlichten feinen Handtasche ist noch keine Frau verlassen worden, was nicht von jeder männlichen Begleitung gesagt werden kann.

WER KANN COCKTAILKLEIDER TRAGEN?

Alle natürlich, vorausgesetzt, Sie werden auch eingeladen, wenn nicht, dann gehen Sie trotzdem aus!! Amüsiere sich, wer kann, ist bei diesem Kleidungsstück die Devise! Eine weibliche Form verträgt auch eine ebensolche Verpackung. Die größeren Damen sollten nicht zu enge und zu glatte Kleider tragen, geschickte Falten und eine eher dunklere Farbe in Kombination mit funkelndem Schmuck sind immer die beste und richtige Wahl. Kleine zarte Elfen sollten wie die Walküren nicht zu behangen sein und eher unifarbene Kleider bevorzugen. Die wirklich stabilen Frauen können noch immer mit einem Abendschal oder einem Tuch aus gleichem bzw. zartem Gewebe etwas optimieren. Wichtig ist, Sie sollten die Cocktails auch halten und natürlich auch vertragen können, der Rest wird im Geplauder untergehen! Eines gilt für alle: Ein bisschen Elastan im Gewebe lässt ein enges Cocktailkleid immer etwas gemütlicher werden, und sollten Sie im ungünstigsten Fall herausgetragen werden, so macht es auch dann noch eine gute Figur.

GUT GEWICKELT AUF DEM ATLANTIK

Wer jemals das Vergnügen hatte, Gast einer Kreuzfahrt zu sein, der weiß um den Ausspruch:»Alle in einem Boot, auch in der Not.« Das Wunderbare am Reisen auf Schiffen ist der Umstand, mit einem bunt zusammengewürfelten Haufen Menschen auf Fahrt zu gehen und sich mit ihnen ein Zuhause auf Zeit zu teilen. Wer einmal beim Auslaufen in Kroatien eingeschlafen ist und im Hafen von Venedig wach wurde, bekommt ein Gefühl für erfolgreiche Kulissenschieberei und verliebt sich schnell in die zivile Seefahrt und die Abwechslung an Reisedestinationen. Das schwimmende Zuhause auf Zeit und der gut sortierte Kleiderschrank warten in jedem Hafen und das Essen steht schon auf dem Tisch. Wer eine funktionierende Betreuung braucht und über das nötige Kleingeld verfügt, der ist auf einem Kreuzfahrtschiff sehr gut aufgehoben. Die eigentlich fremden Mitreisenden an Bord werden an Land zu Bekannten, die einem das Gefühl vermitteln, die Hälfte der Landbevölkerung schon zu kennen. Wenn hinter jeder Ecke und jedweder Gasse ein vertrautes Gesicht auftaucht, dann weiß der passionierte Kreuzfahrer: Wir gehören zusammen. Diese Variante des Reisens findet nicht umsonst so viele Anhänger und ist etwas wie:»Ich emigriere ohne die Absicht, das Land zu verlassen bzw. das Boot!« Menschen, denen Sie mit Sicherheit niemals in freier Wildbahn begegnen würden, sind Ihre

Kabinennachbarn, sitzen mit Ihnen an Tischen und Sie teilen sich im schlechtesten Fall noch ein Rettungsboot. Wer sich an Bord erfolgreich aus dem Weg gehen konnte, wird sich sicher bei jedem Landgang über den Weg laufen. Manchmal beschleicht Sie das Gefühl, Sie sitzen schon in einem Rettungsboot, das aber nicht aufgenommen wird, da das Durchschnittsalter an Bord ein funktionierendes Land überfordern würde. Ich für meinen Teil muss jedoch sagen, dass mich gelebtes Leben in Jahren und mit grauem Haar immer angezogen hat. Was kann der junge Mensch nicht alles vom Alter lernen, wenn das Gegenüber noch offen ist und mehr zu erzählen hat als den Blutzuckerwert vom Morgen.

In der Regel wird bei der Buchung schon festgelegt, an welchem Tisch Sie die Reise über sitzen, und vor allem, mit wem. Auf einigen Reisen hatte ich das Gefühl, eine Geheimwaffe für allein reisende ältere Damen zu sein. Später habe ich erfahren, dass manchmal ein hohes Kopfgeld auf meinen Frank und mich ausgesetzt wurde, um uns an einen nicht vorbestimmten Tisch zu locken, wie uns ein Maître einmal verriet. Auf einer unserer Reisen wurden wir an einen Tisch gesetzt, an dem schon vier ältere Damen Patz genommen hatten. Die erste rechts von mir war sicher Mitte achtzig und kam aus Wien, eine pensionierte Zahnärztin, die mir gleich am ersten Abend erzählte, dass sie, sobald sie mit einem Gegenüber spräche, schon einen ersten Kostenvoranschlag machen würde: »Zähne gibts, das glauben Sie nicht…« Ich mochte sie auf Anhieb! Die zweite im Bunde war eine Weltreisende, die aber so langweilig war, dass die Zahnärztin den Vorschlag machte, sie bei einem Landausflug zu vergessen. »Schlecht für die Einheimischen, gut für uns«, sagte sie. Links neben mir saß eine Dame mit viel Schmuck und einem rheinischen Akzent, sie plapperte so frei von der Leber weg, dass ich froh war, sie an meiner Seite zu wissen. Es dauerte 2 Minuten, da tranken wir Brüderschaft und ich durfte Inge sagen. Die vierte nahm etwas verspätet Platz und war so piekfein und elegant, dass Inge sie mit einem völlig überschwänglichen »Gott, wie Sie wieder aussehen« begrüßte, um dann hinter vorgehaltener Hand »Neureich« zu hauchen. Die feine Dame hatte das Glück, meinen zauberhaften Frank an ihrer Seite zu haben, und somit war ihre Reise gerettet. Jene Dame hat am Ende unserer Zeit an Bord nur noch Schätzchen zu Frank gesagt und eine Brieffreundschaft begleitete sie bis zu ihrem Tod. Die langweilige Weltreisende hatte ein trauriges Gesicht und einen schwarzen Fleck auf der rechten Wange. Sobald sie nur in die Richtung meiner Inge schaute, drehte die sich gekonnt zur Seite, um mir fortwährend »Die Schwarze Witwe« ins Ohr zu säuseln. Zwei Plätze blieben für geraume Zeit leer, und als wir schon unseren Hauptgang fast gegessen hatten, kamen die zwei noch fehlenden Damen an unseren Tisch. Wir waren komplett, Hurra, wir waren jetzt zusammen fast 600 Jahre alt! Die eine der beiden war eine Deutsche, die vor vielen Jahren nach Amerika ausgewandert war. Redselig und scheute auch nicht, tiefes Dekolleté zu zeigen. Der Aufenthalt in Amerika hatte sie wie unsere rheinische Frohnatur gleich zum Du übergehen lassen. Sie fauchte wie ein kleines Raubtier und konnte die elegante Weltreisende nicht überreden den Platz neben Frank zu räumen. Die letzte war eine sportliche Endsiebzigerin und war von ihrer Familie abgeschoben worden, das behauptete zumindest Inge, als ich ihre Eleganz zum ersten Mal erwähnte. Sie reiste wie die »Schwarze Witwe« um die Welt und erzählte gleich, was sie in den Aerobicstunden alles erlebt hatte. Sie stieg erst beim Dessert ein, ein Obstteller war ihr Abendessen.

Inge war diese Dame suspekt:»Schippert um die Welt und hangelt sich von Ananas zu Ananas.«

Die Sportlerin trug ein kompliziertes Wickelkleid und sah nach meinem Dafürhalten umwerfend aus. Als ich Inge von meiner Bewunderung für den Look erzählte, hatte ich noch keine Idee von dem Wettstreit, der mich in den nächsten zehn Tagen ereilen sollte. Die Zeit vergeht auf einem Schiff an Seetagen sehr langsam, das offene Meer und das nicht existierende Land entschleunigen. Auf hoher See gibt es keinen Mobilfunk und damit beruhigt sich ein multimediales Leben umgehend. An Hafentagen werden alle wieder schneller, da es in den wenigen Landgangzeiten heißt, erlebe und besichtige, was geht. Die Weltreisenden bleiben auch gern einmal an Bord, das ewige Ankommen scheint ermüdend zu sein, auch Neues erleben ist auf Dauer mühsam.

Jeden Abend wurden die Roben unserer Damen spezieller. Inge verstärkte mit Schmuck die Kraft ihrer Kombinationen. Die Sportseniorin wickelte von Tag zu Tag virtuoser und kam täglich etwas später. Die Zahnärztin war sich sicher, dass die ewige Fruchtsäure der Ananas der Wickeldame das Hirn zersetzt hatte. Die Lästereien gingen ungehindert über mich hinweg. Manchmal musste ich so herzlich lachen, dass unser Kopfgeld sicher täglich stieg.»Mit den Jungs gibts halt was zu lachen«, rief Inge gern mal in Richtung der anderen Tische. Die Dekolletés wurden bei unserer Deutsch-Amerikanerin immer tiefer und Inge scheute auch nicht, das zu kommentieren. Betty war ihr Name, vermutlich als Brigitte geboren hatte sie nicht mehr viel von einer Deutschen. Deutsch sein klebt erstaunlich häufig an der Kost und den Tugenden, die uns nachgesagt werden. Verwunderlich ist allerdings, dass viele Deutsche in Amerika einen Akzent dazubekommen und ihre

Muttersprache verunstalten. Hören Sie mal Arnold Schwarzenegger oder Siegfried und Roy zu, dann wissen Sie, was ich meine. Die Langweilige bekam von allem nicht viel mit, da sie pausenlos die nächsten Landausflüge plante und immer etwas am Essen zu mäkeln hatte. Auch etwas Deutsches: Uns schmeckt internationales Essen immer nur für eine gewisse Zeit, dann ist die Sehnsucht groß nach Heimatkost. Ich weiß nach über 25 Jahren im Ausland, wovon ich rede. Wenn einmal Produkte aus der Heimat kommen, dann stürzen sich alle drauf, ausnahmslos!

»Ach, die Schwarze Witwe versaut mir die Reise, der Fleck macht mich krank«, sagte Inge und seit dem Abend kam sie nur noch mit einem schwarzen Fächer bewaffnet an unseren Tisch. Sie konnte wunderbare Grimassen hinter dem Luftwedeler ziehen, sie war zum Piepen und war sich sicher, dass es sich bei der Hautverfärbung um nichts Gutes handeln konnte. Die andere Gegenspielerin im Gewickelten steigerte sich täglich und das galt auch für meine Bewunderung. Inge konnte es nicht ertragen und setzte an einem der letzten Abende zum Gegenschlag an. Sie hatte alle ihre Accessoires bis zum Anschlag eingesetzt und wollte jetzt mit einer exzentrischen Frisur den Abend und meine Bewunderung für sich entscheiden. Sie hatte den Bordfriseur genötigt zu toupieren, das Ergebnis hätte Marie Antoinette vor Neid erblassen lassen, sie sah unmöglich aus! Turmhoch war ihr Haar in Form gebracht worden, und als sie neben mir Platz nahm, kam ich mir wie ein Hobbit vor. Die Zahnärztin rieb mir vor Vergnügen fast den Samt von meinem Jackett, da sie nicht aufhörte pausenlos an mir zu zupfen und mit einer abfälligen Geste den neuen Look zu korrumpieren. Es war interessant zu beobachten, dass Mädchen, auch wenn sie weit über 80 sind, nicht aufhören eben selbige zu sein. An dem Abend stand es zwei zu null für die Gewickelte, die zu einer weißen drapierten Bluse ein Halsband trug, das Rose auf der Titanic sicher nicht zurück ins Meer geworfen hätte, es war ein Traum. Ein Aquamarin in einem Kissenschliff, der ohne Übertreibung als spektakulär zu bezeichnen war. Inge war in keiner guten Position, die Konkurrentin hatte einfach Stil und war eben ein Modepüppchen der Extraklasse.

Am vorletzten Abend einer jeden Kreuzfahrt ist der große Farewell-Ball. Zu dieser Veranstaltung kommt noch einmal ganz große Robe zum Einsatz und Inge wollte an diesem Abend den Sieg davontragen. Die Wickelkönigin führte Inge auf eine falsche Fährte und schwärmte vom kleinen Schwarzen, dem berühmten Dunklen mit Stil und Klasse. Was Inge dazu bewogen hatte, mit 82 Jahren ein textiles Experiment zu wagen, blieb ihr Geheimnis und sollte uns zum Abend noch erstaunen lassen. An jenem Abend trug die Drapiervirtuosin ein stilles, schlichtes, hochelegantes kleines Schwarzes. Ein langärmeliges Kleid aus tiefschwarzer Spitze und eine Brosche, die so perfekt auf ihrer linken vorderen Schulter platziert war, dass selbst die Langweilige sich nicht satt sehen konnte. Sie säuselte etwas von »Erbstück« und »preußischer Adel« und »gerettet von einem Attaché der Krone«. Die Zahnärztin war sich – hinter vorgehaltener Hand – sicher, dass die Ananasverschlingerin log, wenn sie nur den Mund aufmachte. »Das Gebiss der Hochdekorierten hätte sicher keinen Orden verdient, das ist Massenware«, flüsterte sie mir nonchalant und etwas gehässig in mein rechtes Ohr. Der zweite Gang wurde bereits abgeräumt, da erschien wie aus dem Nichts endlich die liebe Inge. Ihr Anblick verschlug sogar der Zahnärztin fast den Atem. Die Gute hatte aus vier schwarzen Paschminatüchern ein Wickelkleid gebastelt und die Knoten jeweils mit einer Brosche auf der Seite fixiert. Als sie neben mir Platz nahm, verabschiedete sich das erste Tuch und gab den halben Oberschenkel frei. Als sie nach der Wasserkaraffe griff, löste sich der obere Teil, und es dauerte nicht lange, da saß Inge in einem spärlich verdeckten BH neben mir. »Inge«, sagte ich leise, »das kleine Schwarze ist gerade zusammengefallen.« Sie schaute an sich herunter und sagte mit trockenster Miene: »Eine Frau ist das einzige Geschenk, das sich selbst verpackt.« Zwei zu null für Inge, dachte ich!

»Petite Noire«
oder das kleine Schwarze

»Ein kleines Schwarzes ist eben manchmal
auch ein großes Dunkles …« GMK

WAS IST EIN KLEINES SCHWARZES?

Ein kleines Schwarzes ist ein Kleid, das zu einer wirklichen Ikone wurde, und das zu Recht! Diesen Klassiker haben die meisten Frauen ganz selbstverständlich in ihrem Kleiderschrank hängen. Doch die wenigsten wissen, dass dieses Stück schwarzen Stoffes in der Modegeschichte für eine Revolution gesorgt hat! Hinter diesem großen Entwurf steht keine Geringere als Coco Chanel. Zu Beginn der 1920er-Jahre wurde die wohl einflussreichste Modedesignerin aller Zeiten von der Muse geküsst. Vielleicht lief Coco Chanel aber auch einfach nur aufmerksam durch die Pariser Straßen und spürte, dass die Zeit gekommen war für etwas Neues. Ganz Europa war noch schwer gezeichnet durch die Auswirkungen und das unendliche Leid des Ersten Weltkrieges. Witwen in schwarzer Trauerkleidung prägten das Straßenbild jener Jahre. Doch Coco Chanel verstand, dass auch in der Trauer ein Modepotenzial steckte, und wusste die damalige Verpflichtung, für Jahre immer nur Schwarz zu tragen, in ein Vergnügen zu verwandeln. Auch eine trauernde Frau oder Tochter war eben noch eine Frau und wollte auch in der Zeit des Trauerns gut aussehen. So entwarf Coco

Chanel das kleine Schwarze. Ein schnörkelloses Etuikleid, ohne Ärmel und für damals in einer verruchten Länge, der Saum endete schon kurz über dem Knie. Die Geburtsstunde ist auf den Tag genau überliefert und am 1. Oktober 1926 erblickte das kleine Schwarze das Licht der Welt. Sein Siegeszug sucht seinesgleichen und bis heute ist es *the little black dress!* Es wird, wo immer auch auf unserer Welt, ein kleines schwarzes Kleid bleiben, ausgeführt, um bewundert zu werden! Eine Hommage an die Frauen wurde es genannt, weil es der Trägerin Freiraum gibt. Sie selbst zu sein, reduziert auf ihr Gesicht, die Arme und die Beine. Es ist simpel und aufregend sowie chic und elegant, das kleine Schwarze. Superstars wie Edith Piaf sangen im kleinen Schwarzen über die Liebe und das Leben. Audrey Hepburn trug ein »LBD«, wie es genannt wird, von Givenchy entworfen, in ihrem Film *Frühstück bei Tiffany*. Dieses Bild zog ein in unser kollektives Gedächtnis und unsere Bewunderung für dieses kleine schwarze Kleid. Heutzutage findet es sich in jeder Kollektion und auch bei mir spielt es immer eine große Rolle, es leitet für mich die Anlass- und die Cocktailmode ein und ist immer ein Highlight in jeder Show. Jeder Designer und jede Modekette produziert diesen Klassiker in unterschiedlichsten Formen und Materialien.

WORAN ERKENNE ICH DAS KLEINE SCHWARZE?

Wie es der Name schon verrät, es ist schwarz und reduziert. Es endet kurz über dem Knie oder ist knieumspielend. Es ist im Original ärmellos und schlicht und figurbetont gearbeitet. Es verfügt über keinen Zierrat und schmeichelt der Figur. Mittlerweile gibt es das LBD auch mit unterschiedlichen

Ärmelvariationen, aber immer recht hoch geschlossen, es reizt mit seiner reduzierten Form und nicht mit einem tiefen Ausschnitt!

WIE TRAGE ICH EIN KLEINES SCHWARZES?

Wer würde jetzt nicht denken: mit Anstand und Würde! Oder eben auch mit dem Bewusstsein, etwas Stilles gewählt zu haben, um wahrgenommen zu werden. Der Anlass für ein kleines Schwarzes ist so vielfältig wie seine Variationen. Es eignet sich für die Cocktailstunde, und auch bei einem kleinen Abendessen ist es immer die erste Wahl. Sie tragen es als Brautmutter zu einer Hochzeit, und auch als Witwe ist es immer ein sicherer Partner. Sie können auf einer Party mit dem Schwarzen überzeugen, ein kleiner und hoher schwarzer Pump könnte Sie zur Partyqueen machen. Ein sexy High Heel gehört wie ein kleiner eleganter Schuh zu diesem Kleid. Eine kleine Handtasche oder eine Clutchbag sind die Begleiter für Sie und diesen Klassiker. Es trägt sich wunderbar zu einem kleinen schwarzen Blazer oder einem kurzen Mantel. Eine Stola und auch ein Cape sind wunderbar und adeln Ihren Weg von und zu einer Festivität. Keine Opernpremiere auf der ganzen Welt wird ohne das kleine Schwarze im Publikum gefeiert, und auch manche zweite Ehe wurde schon in diesem Kleid mit einem zarten Ja besiegelt. Mit einer Perlenkette oder einer eleganten Brosche werden Sie zu Jackie Kennedy. Schmuck und das Kleine gehören zusammen, doch sollten Sie sich immer für Ausgewähltes entscheiden. Eine Brosche, eine schöne Kette, ein goldenes Armband oder ein Paar Ohrringe sind immer erste Wahl. Bitte überladen Sie dieses Kleid nicht, weniger ist mehr, das gilt für so einiges im Leben, aber besonders für das kleine Schwarze. Ein kleines schwarzes Kleid hat immer Stil und Klasse und es hilft Ihnen gern, aufregend und verführerisch zu sein.

WER KANN DAS KLEINE SCHWARZE TRAGEN?

Es ist ein Kleidungsstück für viele Frauen und mit einigen Einschränkungen kann es jede tragen. Die kleinen zarten Elfen sind wie die Perfekten und die Walküren prädestiniert für dieses Kleid. Die Alles-oben-Damen können es wunderbar tragen, wenn es nicht zu hoch geschlossen ist, und mit einer großen funkelnden Brosche lenken Sie etwas von dem vielen Oben ab. Auch Ärmelchen wären eine gute Idee. Die Kugelfische brauchen einen guten Schnitt, der den Bauch kaschiert, aber ihre Beine sind wie gemacht für das kleine Schwarze. Die Buddhagirls und die wirklich übergewichtigen Mädels brauchen auch auf dieses Vergnügen nicht zu verzichten. Folgendes könnte helfen: Nicht zu kurz sollte das Kleid sein. Es wäre von Vorteil, mit dunklen Strümpfen die Beine schmaler wirken zu lassen. Es braucht Ärmel. Schöner großer Schmuck lenkt die Aufmerksamkeit auf Hals, Handgelenke und Ihr Gesicht. Die Haare und das Make-up sollten gut gemacht sein, was natürlich für alle gilt, aber die ganz großen Frauen wissen genau, was ich meine. Zarten Gloss und ein Hauch von Nichts überlassen Sie denen, die auch so aussehen! Ein hoher Absatz streckt die Beine. Ein großer schwarzer Seiden- oder Chiffonschal kann so ein praktischer Helfer sein, Sie fühlen sich besser, und wenn es einmal etwas fröstelt, dann sind Sie vorbereitet. Und dann, nicht zu vergessen, der richtige BH, das gilt natürlich auch für alle, aber eine große Größe muss umso mehr darauf achten, dass der Busen oben bleibt. Eine kleine Zauberformel sind eben auch kleine »Mogelwäscheteilchen«, die Ihre Figur optimieren, und auch Strümpfe können Wunder bewirken und schummeln immer etwas weg! Sie brauchen jetzt noch eine kleine Tasche und einen lieben Begleiter, und wenn Sie allein losziehen, dann schnappen Sie sich in diesem kleinen Schwarzen auch einen Kleinen oder eine Kleine …

WENN EIN ABENDKLEID AUF REISEN GEHT

Es gibt Menschen, die haben vermeintlich alles. Und wenn »alles« bedeuten sollte, ich leiste mir, was immer mir gefällt, dann wäre die Dame, von der ich erzählen werde, eine, die wirklich alles hatte. Wer im Leben immer *à la carte* genießen kann, der hat jedoch nicht zwangsläufig ein besseres Leben! Die Möglichkeit, sich nur mit dem Kostbarsten umgeben zu können, macht einen Menschen nicht wertvoll. Ausnahmslos das Exklusivste in den Händen zu halten und es womöglich auch noch kaufen zu können ist keine grenzenlose Freiheit, sondern nur ein Privileg, was darüber hinaus überhaupt nichts über die Qualität des Lebens aussagt. Es ist leicht, einen hohlen Kopf hoch zu tragen, und umso leichter, wenn die Taschen gut gefüllt sind! Vor einigen Jahren … wenn eine Erinnerung für mich schon so anfängt, dann weiß ich, es benötigt immer etwas Mühe, dieses Gelebte wieder an die Oberfläche meines Bewusstseins zu spülen. Es gibt Erlebtes, was uns, wenn wir nur einen Namen oder eine lächerliche Kleinigkeit hören, sofort zurückversetzen und wütend machen kann. Aber es gibt auch die positive Erinnerung an einen lieben Menschen, Stimmen, einen Duft, Geschmack, ein Foto aus längst vergessenen Zeiten unseres Lebens, und die Musik. Ich vermute, die Musik nimmt unsere Seele an die Hand; wenn sie uns einmal etwas bedeutet hat, wird es immer so sein, die Magie der Klangerinnerung!

Auch die schmerzlichsten Erinnerungen verblassen mit den Jahren, aber vergessen werden wir nie. Wir Menschen sind zwar Meister im Verdrängen und schützen uns so vor der oft harten Realität, verbergen sie in den Schubladen der Erinnerung. Wenn einmal der Schlüssel verloren ging, dann ist es uns egal, was auch immer geschehen und verschlossen wurde, es hat keine Bedeutung mehr und ist wie ein vorbeihuschender Schatten, der uns nicht mehr berührt. Die Fähigkeit, Unangenehmes zu vergessen, ist eine Gnade und gelingt dem einen besser als dem anderen. Manchmal können sich Zerstrittene nicht einmal mehr daran erinnern, was der Auslöser für ihr Zerwürfnis war.

Im Laufe des Lebens kreuzen viele unseren Weg, einige wenige bleiben uns erhalten, wir versuchen mit aller Kraft, sie an uns zu binden. Die Auserwählten, denen wir dann Zeit, Zuneigung und manchmal unsere ganze Liebe zuteilwerden lassen, sind hin und wieder auch die größten Enttäuschungen. Dieses Gefühl kennt jeder, ob wir 14 Jahre jung sind und die beste Freundin zieht mit dem Angebeteten von dannen, oder die ewig Gute, die aufopfernd für alle da war und zum Lohn im Alter allein in ihren vier Wänden sitzt. Verlust von Freundschaft und Liebe ist bitter, das Fehlen von Zuneigung für manche von uns unverwindbar. Die schmerzlichsten Erfahrungen in meinem Leben waren immer mit der Erkenntnis verbunden, mich in Menschen getäuscht zu haben. Wir haben auf das falsche Pferd gesetzt, sagt der Volksmund, aber gehört das nicht auch zum Leben? Erfahrung ist nicht das, was uns zustößt, sondern das, was wir daraus machen.

Was hatte ich gemacht, als jene Dame in mein Leben trat und ein Abendkleid orderte? Ich sagte »Herzlich willkommen«, weil es meine Aufgabe ist. Sie war über mich hinweg in mein

Leben geschneit. Ich hätte gleich »Stopp!« rufen sollen, aber es war nicht die Zeit, in der ich mir erlauben konnte, Nein zu sagen. Für einen jungen Designer ist es nicht oft möglich, abzulehnen, wenn es um eine Anfertigung von etwas Textilem geht. Die hübschesten Ideen und Entwürfe sind sinnlos, wenn niemand sie kaufen möchte. Ich hatte das große Glück, immer weitergereicht zu werden, ein durchlaufender Posten mit Modekompetenz. Der gute Leumund machte mich als Designer erfolgreich, exklusive Mode und ein anständiger und respektvoller Umgang mit Kunden sind immer der beste Botschafter einer noch jungen Marke! Eine gute und nette Kundin drehte mir an einem Nachmittag eine Dame an, die ja »so wichtig« war und die ich vom ersten Moment nicht mochte. Es passiert sehr selten, dass ich Menschen im ersten Moment nicht mag, sie gehörte dazu. Es war ein Gefühl, eine Ahnung, aber eben auch eine unausweichliche Erfahrung, die mir beibringen sollte, meine Grenze zu ziehen. Ich wollte meine liebe Kundin nicht enttäuschen, so sagte ich zu, mich mit jener Dame noch schnell in ihrem Hotel zu treffen.

Sie wohnte in einer großen Suite und wirkte so verloren in diesem großen Raum. Wenn Menschen ihre Unzulänglichkeiten überspielen wollen, dann werden sie nicht selten arrogant oder böse. Sie war schon bei der Begrüßung so blasiert, dass ich am liebsten gleich gegangen wäre. Aber der Kunde ist König, auch wenn schon sehr schnell klar war, dass diese Königin keine Manieren hatte. Sie hatte eines meiner Abendkleider in der Oper gesehen und dann eben jene Kundin um den Kontakt zu mir gebeten. Der gute Leumund und die Empfehlung eben. Und da war ich, pünktlich, es war ein Montag, am späten Nachmittag, und ich weiß es noch so genau, da es eine Rolle spielen sollte. Die Dame war sehr zierlich, trug ihr Haar schulterlang und zu viel Make-up. Sie hielt diesen kleinen Kopf sehr hoch und legte ihn bei jedem ihrer gesäuselten Sätze immer mehr in den Nacken. Sie wirkte so seltsam, wie sie immer mehr nach oben schaute. Es gab einen Moment, da hatte ich die Befürchtung, sie kippt nach hinten über. Aber immer wenn der Schwerpunkt ihrer überspannten Haltung kritisch für die Balance wurde, fiel sie nach vorn zurück und das Spiel ging von vorne los. Sie äußerte den Wunsch, das von ihr gesehene Kleid in ihrer Größe bestellen zu wollen. Es handelte sich um ein traumschönes schwarzes Abendkleid, es war überaus reich mit schwarzen Kristallen bestickt und war eine wirkliche Couture-Robe.

Diese aufwendigen Kleider sind ausnahmslos handgefertigt und werden für jede Kundin auf Maß gearbeitet. Ich nahm still ihre Maße, wohl wissend, dass jeder Satz von mir als Belästigung empfunden würde. Wenn die Machtverhältnisse klar sind, dann kann ein junger Mensch nicht einfach reagieren, wie ihm zumute ist; wer es sich leisten kann, der hat in solchen Momenten das Krönchen auf. Sie fragte mich in ihrer erhabenen und selbstgefälligen Art, was das Kleid kosten würde. Die Antwort und den Preis winkte sie mit einer Handbewegung weg, die mir bedeuten sollte, es wäre ihr egal. Mir war es nicht egal, da jede Anfertigung viel Zeit und Geld kostete. Das Beste zu produzieren heißt eben auch, es vorzufinanzieren. Eine Anzahlung wollte sie nicht leisten, ich solle mir keine Sorgen machen, da Geld nicht ihr Problem sei, sagte sie mir und hatte in diesem Moment wieder den höchsten Punkt erreicht, um dann wieder nach vorn zu fallen. Sie benötigte das Kleid in derselben Woche, es müsse am Freitag fertig sein. Es war unmöglich, in drei Tagen ein Abendkleid in dieser Qualität zu fertigen. Als ich versuchte ihr den Ablauf zu erklären, unterbrach sie mich harsch und verdoppelte den Preis. »Für das Mehr an Geld werden Ihre Mitarbeiter doch mal ein Überstündchen machen können …« Ich kontaktierte mein Atelier, und zwei meiner Schneiderinnen erklärten sich bereit mich zu unterstützen. Ich sagte zu und verließ mit einem unguten Gefühl ihr Hotelzimmer. Noch an jenem Montag arbeiteten wir bis spät in die Nacht. Wir saßen stundenlang zusammen und benähten den zarten Chiffon mit Tausenden von schwarzen Kristallen. In diesen Momenten ist Mode sehr kontemplativ, eine fast meditative Tätigkeit. Am Mittwochnachmittag war eine erste Anprobe möglich. Ich wartete zwei Stunden vor ihrer Tür, Gleiches galt für meine Mitarbeiter, die um die weitere Nachtschicht wussten. Es passte tadellos und wir arbeiteten eine weitere Nacht bis in den frühen Morgen. Am Donnerstagvormittag ging zum ersten Mal das Telefon. Sie wolle das Kleid nicht in ihr Münchner Hotel geliefert bekommen, sondern in ihr Haus in der Schweiz. Die Kosten sollten wir einfach auf die Rechnung setzen. Wer jemals mit der von mir sehr geliebten Schweiz zusammengearbeitet hat, der weiß, dass es erhebliche Zollbestimmungen gibt und ein hoher Warenwert eben auch hoch besteuert wird. Meiner Neukundin war es egal, sie würde bezahlen, natürlich auch für den nicht zu unterschätzenden Expresszuschlag. Unter Hochdruck wurde die Reise dieses Kleides organisiert und es dauerte Stunden, bis wir der »gnädigen Dame« eine Lieferzeit mitteilen konnten. Der Plan war, das Kleid am Freitagmorgen um 10 Uhr abholen zu lassen. Wir arbeiteten in der letzten Nacht noch zu zweit, und um 3 Uhr waren wir endlich fertig geworden und uns fielen die Augen zu. Meine liebe Mitarbeiterin ermutigte mich, das Atelier zu verlassen, und wollte sich um die Verpackung des guten Kleides kümmern. Am nächsten Morgen um 9 Uhr hatte besagte Kundin den Wunsch geäußert, die Lieferadresse noch einmal zu verändern. Sie wollte das Kleid in ihr Pariser Hotel geschickt bekommen. Durch den erneuten Wechsel war es nur möglich, es mit einem Kurierservice von einem Fahrer auf den Weg zu bringen. Das kostete 700 Euro und wurde nur mit dem lapidaren Hinweis »Dann setzen Sie es eben auf die Rechnung« kommentiert. Eine Mitarbeiterin aus dem Lager packte das Kleid wieder aus und entfernte die innen liegenden Zollpapiere, verpackte das Traumkleid mit ständig wechselnder Adresse erneut und übergab es dem schon wartenden Kurierfahrer. Als wir am Montag zurück in die Firma kamen, da war unser Anrufbeantworter voll mit unverschämten Beleidigungen jener Dame, die so gern den Kopf nach hinten kippte. Das wunderschöne Kleid war pünktlich in Paris angeliefert worden und der Karton wurde offensichtlich auf ihre Suite gebracht und auf der Bettdecke abgestellt. Unsere Kleider werden in Seidenpapier verpackt, ein Kleiderbeutel aus Stoff und ein persönliches Grußkärtchen begleiten jedes von uns gefertigte Stück. Die junge Mitarbeiterin hatte einen braunen Karton gewählt, wie er für den normalen Versand üblich war. Für die exklusiven Stücke benutzen wir weiße Kartonagen, das wusste unsere junge Kraft offensichtlich nicht. Als die Dame den, wie sie sagte, »dreckigen braunen Müllkarton« auf ihrem Bett gesehen hatte, hätte sie gleich gewusst, wir wollten ihr den Tag verderben. Einkaufen wäre für sie ein sinnliches Vergnügen, und obwohl das Kleid tadellos wäre, könnte sie den »Dreck« nicht tragen, sie würde dieses Bild nie mehr los und es wäre für sie unentschuldbar. Das Kleid könnten wir auf unsere Kosten sehr gern in Paris abholen und zudem sollten wir es nicht wagen, ihr nur einen Cent dafür in Rechnung zu stellen. »Sollten Sie es wagen, mir etwas dafür zu berechnen, ich werde Sie fertigmachen und nicht eher stoppen, bis auch die letzte Kundin Sie verlassen hat«, stand auf einem Zettel, den sie in die Verpackung geworfen hatte.

Eine liebe Freundin in Paris holte das Kleid aus dem Hotel und schickte es auf dem normalen Postweg zu uns zurück. Es dauerte zwei Tage, da hing es wieder in unserem Atelier. Wir konnten es nicht mehr verkaufen, es war so eine kleine Größe und maßgefertigt, es würde vermutlich nie einer anderen Dame passen. Die Kosten für dieses wunderschöne Kleid waren immens und eine Belastung für mein noch junges Unternehmen. Es hing danach jahrelang als stilles Mahnmal in unserem Lager. Ich habe versucht zu verstehen, was einen Menschen dazu bewegen kann, so arrogant und verdreht zu sein, ich werde es wohl nie nachvollziehen können. Das Leben geht weiter und macht uns um eine Erfahrung reicher. Ob es tatsächlich ein Gewinn ist, enttäuscht zu werden, ist in der verblassenden Erinnerung ein genauso unerheblicher wie mühseliger Gedanke.

Wenn es im Leben gut läuft, dann sieht man sich zweimal, in besonderen Fällen sogar dreimal. So sollte es viele Jahre später kommen. Meine Reputation und mein Erfolg wurden größer, Türen, an denen ich einstmals vorsichtig anklopfen musste, wurden jetzt weit aufgehalten. Erfolg ist ein seltsames Vehikel, es montiert einem ein weiteres Rad an die Karosserie und verändert die Wahrnehmung des Umfeldes. Ich habe »selbst und ständig« weiter gearbeitet und habe bis zum heutigen Tag nicht ein Mal das Gefühl gehabt, ein anderer Mensch geworden zu sein. Einladungen und gesellschaftliche Festivitäten sind täglich in der Post und hin und wieder auch von Menschen, die mich vor meiner Bekanntheit mit Nichtbeachtung gestraft haben. Eine Strafe war es für mich nie, um Einlass zu bitten, ich komme aus einer Welt, wo es keine Schande ist, bemüht zu sein. Wie häufig hört man den Satz:»Schau mal da, die Neureichen.« Ist es ein Vergehen, wenn ein Mensch sich etwas aufbaut und vielleicht zu einem gewissen Wohlstand kommt? Ist es nicht viel mehr so, dass ohne den ersten Neureichen all die Erbgenerationen leer ausgehen würden und selber machen müssten? Ich habe viele Menschen erlebt und als Kunden bedienen dürfen, die im klassischen Sinne »neureich« waren. Ich habe es nie als verwerflich empfunden, wenn eine Selfmade-Unternehmerin auch einmal sehen und spüren wollte, was sonst nur die anderen erleben durften. Sie hatte dafür schwer gearbeitet. Es war in einem der letzten Sommer, ich war Gast einer Hochzeit und genoss den Nachmittag. Die liebe Kundin aus meinen Anfangsjahren ist immer noch an meiner Seite und heute verbindet uns eine Freundschaft. Ich kenne ihre Töchter noch, als sie Kinder waren, und heute hatte ich der jüngsten ihr Hochzeitskleid geschneidert. In all den Jahren habe ich ihr nie erzählt, wie mich ihre damalige Empfehlung behandelt hat. Es gab keine Notwendigkeit, ihre Intention war eine gute gewesen.

Wie so häufig fand ich mich in einer Gruppe von Frauen wieder, auf Partys rotten sich Frauen und Designer sehr gern zusammen. Uns verbindet zu viel, um voneinander lassen zu können. Wie aus dem Nichts sehe ich den Kopf einer sehr zierlichen Dame, die sich beim übertriebenen Gestikulieren nach hinten drehte. Da war sie, die Erinnerung kroch langsam aus meiner verschlossen geglaubten Schublade. Als sie mich entdeckte, stürmte sie auf mich zu, um mich überschwänglich zu begrüßen. Ich weiß nicht einmal mehr, ob das unerwartete Wiedersehen oder diese absurde Scharade Grund für meine Lässigkeit waren, ich sagte kein Wort und hörte noch im Wegdrehen: »Ach, der Guido, ich war ja schon Kundin der ersten Stunde …« Später habe ich erfahren, ihr Mann hatte alles verloren, sie war so arm wie eine Kirchenmaus und konnte nur der Freundlichkeit der Gastgeberin danken, sie noch eingeladen zu haben.

Eine Woche später packte ich das Kleid ohne Seidenpapier in einen braunen ordinären Karton. Ich legte eine Karte dazu und schrieb folgenden Satz: »Ich hoffe, Sie tragen dieses wunderbare Kleid heute mit dem Bewusstsein, dass Armut keine Schande ist. Ich hatte es für Sie gemacht, es soll Ihnen gehören, Sie sind mir nichts schuldig, leben Sie wohl …«

Das Abendkleid

»Ein Abendkleid ist die Königin in Ihrem Kleiderschrank,
und wenn das nicht der Fall ist, dann sollten Sie sich
schnell davon trennen ...« GMK

WAS IST EIN ABENDKLEID?

Das Abendkleid ist der Aristokrat unter den Kleidungsstücken. Es ist die Königsklasse im wahrsten Sinne des Wortes. Denn zunächst waren es nur die Adeligen und deren Hofstaat, die sich diese luxuriösen und festlichen Kleider leisten konnten und die vermutlich auch die Einzigen waren, die Festivitäten unterhielten, auf denen diese Kreationen getragen werden konnten. Glaubt man den historischen Quellen, so war Philipp der Gute am Anfang des 15. Jahrhunderts der Erste, der auf erlesene Abendkleider seines Hofstaates bestand und als durchaus modebewusst zu bezeichnen wäre. Die Damenwelt an jenem burgundischen Hof schätzte bodenlange Roben mit tiefen Ausschnitten, gearbeitet aus den besten Seiden, die es zur damaligen Zeit gab. Reich bestickte Kreationen aus Satin, Samt und Brokat waren die Stoffe, und auch heute sind diese Materialien noch immer erste Wahl und finden ihre Verwendung. Die Abendmode wandelte sich stetig und im Barock wurden die Taillen so schmal und die Röcke so bauschig, dass es einigen Damen nicht mehr vergönnt war, ohne Hilfe einen Ball aufzusuchen. Wespentaille und schwer bestickte Kleider sorgten für Aufsehen und sicher auch den einen oder anderen Bandscheibenvorfall, da auch schon damals nach der Devise gelebt wurde: »Wer schön sein will, muss leiden.« Nach dem Ersten Weltkrieg gab es dann wieder eine Gegenbewegung, die Abendkleider wurden leichter und vor allem schlichter. Wenn es eine Zeit gab, in der »Understatement« textil gelebt wurde, dann waren es die früheren Jahre der Zwanziger. Aber diese Zurückhaltung sollte nicht lange dauern, da zum Ende der Zwanziger wieder bestickt und gefedert wurde, aber jetzt mit zum Teil atemberaubenden Dekolletés, vorn wie hinten.

Vor dem Zweiten Weltkrieg wurde es wieder schlichter, und die Abendkleider der 30er- und 40er-Jahre waren reduziert und wirkten nicht mehr übertrieben weiblich und opulent. Die Zeit wollte Mütter und keine ausgehwütigen Damen. Erst nach dem Zweiten Weltkrieg brachte Christian Dior mit seinem »New Look« die farbigen und stoffintensiven Abendkleider zurück. Die Formen sind heute so vielfältig und jede Frau wird mit fast jeder Figur fündig. Abendkleider sind zum Teil sehr erschwinglich geworden und dennoch gibt es immer noch Frauen, die für ein exklusives Abendkleid manchmal ein kleines Vermögen ausgeben.

WORAN ERKENNEN SIE EIN ABENDKLEID?

Wenn Sie es nicht erkennen, dann ist es kein Abendkleid, jedenfalls keines, das Beachtung finden sollte! Ein Abendkleid ist, auch heute noch, immer lang und elegant, es hat von seinem Zauber nichts eingebüßt, es ist die Königin und diesen Platz macht ihm kein anderes Kleidungsstück streitig. Es gibt unzählige Formen, aber die wichtigsten sind für mich folgende:

Das Mermaid-Dress

Die Form der Meerjungfrau. Das bodenlange Kleid ist bis zum Knie relativ eng, aber nach unten besticht es mit üppiger Weite und nach hinten legt sich eine Schleppe wie die Flosse eines Fisches auf den Boden. Es folgt dem schwebenden Gang seiner Trägerin. Sehr aufregend und sexy. Dieser Schnitt wirkt sehr weiblich und lässt die Formen der Trägerin optimal zur Geltung kommen. Geeignet ist dieser Schnitt für feminine und weibliche Frauen, ein Busen und eine runde Hüfte sind die besten Voraussetzungen und ein Garant für uneingeschränkte Aufmerksamkeit.

Das One-Shoulder-Dress

Diese asymmetrische Form steht Frauen besonders gut, wenn sie markante Schultern besitzen, und auch eher flachbrüstige Damen können mit der Variante aufregend und perfekt angezogen wirken. One-Shoulder-Kleider brauchen keine Ketten, aber Ohrringe und Armbänder und auch Ringe sind perfekte Begleiter. Diese Kleider sind nicht besonders geeignet für zu üppige Frauen mit runden Schultern und Armen. Auch die wenigen, die kaum Hals mitbekommen haben, sollten es den anderen überlassen, es gibt so unendlich viele andere Formen.

Das Neckholder-Abendkleid

Dieses Modell lebt und besticht durch seine einmalige Trägervariante, es legt sich um den Hals und ist eine sehr feminine Art, einem Kleid Halt zu geben. Dieses Modell ist in einer geraden Form wunderschön und kann von vielen Figurtypen getragen werden. Kugelfische sollten »Kriegsnebenschauplätze« suchen und ein Kleid wählen, das leicht an ihnen herunterhängt, dann kann auch ein Neckholder wunderbar sein. Nie-

mals Halsschmuck zu diesem Modell! Broschen, Ohrringe und Armschmuck wollen auch einmal zum Einsatz kommen.

Strapless Dress oder das Schulterfreie

Sehr beliebt bei vielen Frauen. Leider sollten nicht alle sich der Illusion hingeben, dass es etwas für sie täte. Es braucht schöne Schultern und Arme, es braucht zumindest so viel Brust, dass es etwas hält, und es braucht eben auch etwas Hals. Dafür können Sie aber endlich ein großes Halsband rausholen oder wunderschöne Ohrringe. Diese Kleiderform geht natürlich immer mit einer Stola, dann können Sie beruhigt alles vergessen, was Sie gerade über Schultern und Arme gelesen haben. Das gilt aber nicht für Brust und Hals!

Das dekolletierte Abendkleid mit und ohne Arm

Ein Kleid für alle. Wenn es noch geschickt geschnitten ist, dann kann kein Bauch und keine Hüfte Ihnen den Abend vermiesen. Es gibt diese Kleider in allen Materialien und achten Sie bitte nur darauf, dass es nicht zu kurz und zu eng ist, aber auch zu weit geht nicht! Es sollte nicht zu überladen sein, besonders wenn schon viel bei Ihnen los ist … Es sollte nie billig wirken und sollte Sie adeln, Sie schön machen, eine Prinzessin dürfen Sie sein, aber nicht die Sissi des Abends. Sie sollten sich auch bewegen können und auch ein kleiner Imbiss sollte noch Platz finden, und dann bleibt mir nur noch, Ihnen eine wunderbare Nacht zu wünschen! Sie werden niemals mehr Komplimente bekommen als an dem Tag, an dem Sie ein traumhaftes Abendkleid tragen werden, das etwas für Sie tut, versprochen!!

Wenn es geht, am Abend und mit Haltung. Wer jemals eine volltrunkene Frau gesehen hat, die in einem Abendkleid auf der Toilette liegt, der hätte sich in diesem Moment auch lieber eine Jeans und einen Pullover an ihr gewünscht! Genauso geschehen auf einer Veranstaltung, als mich eine Frau um Hilfe bat, ihre betrunkene Freundin wieder auf die Beine zu stellen. Als die völlig abgefüllte Dame mich sah, sagte sie nur: »Auch das noch, der Guido ...«

Abendkleider verzeihen wenig und können doch so wunderbar schummeln, wenn einiges beachtet wurde. Das Kleid muss passen und braucht wie kaum ein anderes Kleidungsstück eine gute Beratung und auch gern mal eine Schneiderhilfe. Das perfekt sitzende Abendkleid ist auch bei Topmodels nicht immer selbstverständlich. Lassen Sie sich das von mir gesagt haben und dann ist es auch für Sie kein Problem mehr, wenn die Fachkraft zu Mogelwäsche und Push-up-BH rät.

Ein wunderbarer Abendschuh gehört einfach zu einem Traumkleid. Ich liebe Abendsandaletten, wenn es die Füße zulassen, und es muss darauf geachtet werden, dass der Schuh dem Kleid nur dann die Show stiehlt, wenn der Schlitz lang ist und das Kleid betont schlicht daherkommt. Niemals mit Schmuck zuhängen, es sei denn, Sie sind die Queen von England und das gemeine Volk soll einmal wieder sehen, was Sie so alles besitzen. Handschuhe, Stola, Tücher und hübsche Boleros können wunderbar sein, wenn sie das Kleid nicht unter sich verdecken und auch farblich und stilistisch zusammenpassen.

Eine kleine Abendtasche oder die mittlerweile so beliebte Clutch ist neben einer hoffentlich zauberhaften Begleitung Ihr bester Partner. Lassen Sie die Hände von großen Taschen und Beuteln, es sei denn, Sie wollen etwas mitgehen lassen oder all die anderen Gäste sollen genau diesen Eindruck vermittelt bekommen.

WER KANN EIN ABENDKLEID TRAGEN?

Alle, viel Vergnügen!!!

DAS BRAUTKLEID ODER ZWEIMAL WEISS UND ZWEIMAL ROT, BITTE

Der schönste Moment im Leben einer Frau ist der Tag, an dem sie heiratet. Das behaupten zumindest einige, die sich vom Glück dieses Tages nie verabschiedet haben. Jetzt mag es durchaus auch einige Frauen geben, die diesen besonderen Tag im Nachhinein lieber vergessen – und gerne wieder auf Anfang drehen würden. Am Anfang steht immer nur die Liebe im Zentrum und der Wunsch, miteinander glücklich zu werden. Wer dem Zauber des Gemeinsamen an diesem Tag nicht erlegen war, der begann vielleicht wohl wissend einen großen Fehler.

Wir hoffen, träumen und glauben an die große Liebe, die eine, die unabdingbar unser Leben begleitet und uns glücklich werden lässt, in guten wie in schlechten Tagen. Das Bekenntnis und diese Worte sind bei einer Trauung Wunsch und Herausforderung gleichermaßen. Was ist aber mit denen, die selbst mit einer kleinen Liebe zufrieden gewesen wären, die nicht den Prinzen auf dem Schimmel erwartet haben, die einen netten Kerl auf einem kleinen Esel nicht abgewiesen hätten und denen es doch nicht zuteilwurde? Ist ein Leben weniger sinnvoll und intensiv, wenn es alleine bestritten wird? Wohl kaum, aber es lässt sich vieles leichter ertragen, wenn zwei Schultern Halt und Stütze bieten können, zwei Münder können lauter lachen und vier Arme fester halten. Die oft beschriebene Notwendigkeit der Eigenliebe reicht leider auch nicht immer aus, auf etwas Gemeinsames zu verzichten und die Hoffnung endgültig aufzugeben, einen Partner zu finden. Die Liebe wird immer überschwänglich erwartet, und wenn sie bei uns vorbeischaut, dann sind wir alle buchstäblich aus dem Häuschen. Und das im besten Sinne, denn nichts treibt uns so in das Leben hinaus wie das Verliebtsein! Wer frisch verliebt ist, der genießt das Leben so intensiv, dass jegliche Trübsal vergessen werden kann. Später dann, wenn wir uns an die Liebe gewöhnt haben, dann wird es kuschelig und das Wort Zuhause bekommt eine ganz neue und ungeahnte Bedeutung.

Von Luft und Liebe lebt es sich im Sommer erheblich leichter als im Winter unseres Lebens. Es sollte Verliebtsein als unabdingbares Menschenrecht geben, für jeden und lebenslang erhältlich. »To go«, an jeder Ecke verfügbar, und wissen Sie, was das Schöne an dieser Vorstellung ist? Es ist real, hinter der nächsten Abbiegung wartet vielleicht schon der Mensch Ihres Lebens – oder er reißt Ihnen die Handtasche weg. Es gibt so unendlich viele unterschiedliche Geschichten, wie die Liebe uns traf. Sie schlug ein wie ein Blitz oder dümpelte langsam vor sich hin, wie ein Ruderboot ohne Paddel. Viele Ehen wurden früher arrangiert und verabredet und auch heute ist es in manchen Kulturkreisen noch üblich, die Partnerwahl anderen zu überlassen. Heute arrangieren wir uns selbst, indem wir uns im Internet anpreisen oder zum Verlieben so öffentlich freigeben, dass wir auch gefunden werden können, und einige haben sich schon ausgezogen, bevor das Gegenüber überhaupt von ihrer oder seiner Existenz weiß. Wir werfen uns auf den Markt und hoffen, von starken und vertrauensvollen Armen aufgefangen zu werden; was aber, wenn wir des Öfteren nicht gefangen wurden? Wir sollten immer wieder springen, denke ich, uns aber nicht bedingungslos fallen lassen, bevor nicht auch sichere Arme in Aussicht gestellt werden. Unzählige Verbindungen sind im Internet auf diesem Wege in den letzten Jahren geschlossen worden und es ist ein Glück, dass es diese neue Möglichkeit gibt, www.ich-will-dich-haben-und-bitte-lasse-mich-nie-mehr-allein.de. Die freie Wildbahn ist bei der Partnersuche etwas ins Hintertreffen geraten, aber noch immer ein probater Weg, den Traumpartner zu finden. Ob es allerdings immer ein Prinz sein sollte, das wage ich zu bezweifeln. Der Mann unserer Träume ist eben auch hin und wieder der nette Kerl von nebenan oder der Kollege aus der Warenannahme, der Unbeachtete, der vielleicht nicht einmal auf den dritten Blick unseren Erwartungen entspricht. Der nicht dunkelhaarig und sportlich ist, sondern der nette Blonde mit den grünen Augen.

So wie die Auswahl des Richtigen schwerfällt, so geht es mir gerade mit der Auswahl der richtigen Bräute für dieses Kapitel. Ich habe in meinem Leben, so wie es ein bekanntes Sprichwort besagt, »auf so vielen Hochzeiten getanzt«, dass es mir schwerfällt, die eine, die außergewöhnlichste oder die anrührendste Braut von allen auszuwählen. So habe ich mich entschieden, von zweien in Weiß und zweien in Rot zu erzählen, da jede einzelne dieser Bräute mir in besonderer Erinnerung geblieben ist.

Das verbindende Element aller Hochzeiten ist, neben der Liebe und dem Wunsch, mit anderen Menschen zu feiern und den vermeintlich Richtigen gefunden zu haben, die Wahl des Brautkleides. »Gut Ding braucht Weile«, sagt der Volksmund und das ist frommer Wunsch und beachtenswerter Hinweis gleichermaßen, aber für einige Bräute die erste wirkliche Herausforderung auf dem Weg zum Traualtar. Wie viele Stunden meines Lebens habe ich schon damit verbracht, mit Bräuten über den schönsten Tag ihres Lebens zu sprechen und den Wünschen zu lauschen, die ein verliebtes Frauenherz an ihr zukünftiges Brautkleid verschwendet. Bräute kommen immer mit vollgepackten Taschen und einigen Hofdamen im Gepäck. Unzählige Ausgaben von Hochzeitsillustrierten sind Wegzehrung und Dauerlektüre seit Monaten, unendlich viele Gedanken und Befürchtungen sind Wegbegleiter von früh bis spät. Wie soll der Traum nur aussehen?

»Schlicht soll es sein, aber nicht zu schlicht.«
»Es soll kein Märchenkleid werden, aber von den anwesenden Gästen sollte die Hochzeit aber bitte so empfunden werden.«
»Es sollte weiß sein. Oder doch etwas mehr creme?«
»Nicht reinweiß, aber gern auch in Champagner, ja, Champagner ist wunderbar!«
»Ach so, ich dachte, Champagner sei heller, wie auch wissen, wenn er sonst nur von anderen getrunken wird.«
»Spitze ist eine sehr gute Idee, aber nicht zu viel davon, da es sonst so alt macht.«
»Es sollte zarte und jugendliche Spitze sein, eben etwas unkonventionell und nicht so spießig, aber auch nicht zu gewagt, da es ja auch der Schwiegermutter gefallen sollte, die es ja auch dann bezahlen wird. Aber was, wenn sie überhaupt keine jugendliche Spitze mag?«
»Es sollte nicht zu pompös wirken, ohne einen Reifrock, nicht so ausladend, Sie wissen schon … aber so flach habe ich es mir dann doch nicht vorgestellt, egal, dann nehmen wir doch so ein Reifding, aber ich muss damit auch sitzen können!«
»Es ist so wichtig, dass ich mich bewegen kann, ich muss aber auch sitzen können, aber werde ich auch mal Platz nehmen, hätte ich doch der Kutsche nicht zugestimmt, was wenn die Gäule durchgehen?«

»Es soll leicht sein, die Hochzeit ist doch im Sommer, hoffentlich regnet es nicht, und wir wollen doch den Kuchen im Garten seiner Eltern anschneiden, aber das Kleid darf nicht an mir runterhängen, wie ist eigentlich das Verhältnis von Spitze und Wasser?«

»Aber zum Kuchen sollte ich mich dann doch mal hinsetzen, also den ganzen Tag stehen, dass schaffe ich dann aber auch nicht …«

»So dünn hätte ich mir die Seide nicht vorgestellt, und das ist der Ton von Champagner?«

»Das kann ich mir aber gar nicht vorstellen, dass ich noch letzte Woche so darauf bestanden haben soll, nee, das war doch meine Freundin, die wollte es mit mehr Spitze oben, ich weiß es noch genau, da haben Sie und ich noch interveniert, aber dann hat ja meine Schwiegermutter auch noch etwas gesagt, ach Herr Kretschmer, können wir da noch einmal etwas ändern?«

»Wichtig ist ja vielleicht auch noch, ich habe letzte Woche diese Hochzeit von der Adeligen im Fernsehen gesehen, sie wissen schon, genau die, das war aber auch ein schönes Kleid, und da dachte ich so, sollte ich vielleicht nicht auch so eine üppige Kreation nehmen, ich bin doch eigentlich ein ähnlicher Typ und schließlich heirate ich ja auch nur einmal, was denken Sie?«

»Hoffentlich hält meine Ehe, oh Gott, stellen Sie sich einmal vor, ich wäre wie Liz Taylor oder mein zukünftiger Mann wie Gerhard Schröder, das wäre doch schrecklich, die waren doch beide so oft verheiratet.«

»Ich habe da noch ein Foto rausgerissen, beim Arzt lag so ein Magazin, ist ja auch egal, aber dieses Kleid war spektakulär und es hatte so eine Korsage, ach, wo ist denn nur dieser Schnipsel, das blöde Rezept finde ich auch nicht mehr, Gott, hoffentlich kann ich Kinder bekommen!«

»Meine Mutter meinte allerdings, Korsage ist ja auch nicht jedermanns Ding, aber jetzt frage ich mich gerade, bin ich jedermanns,

seine Mutter nach meinem Dafürhalten schon, aber sie konnte ja zumindest Kinder bekommen, was absolut für sie spricht.«

»Also nein, ich möchte schon etwas Besonderes, obwohl ich ja eine Nickelallergie habe und bei einer Korsage braucht es ja Stäbchen aus Metall, das wäre dann aber bei mir nicht möglich und kontraproduktiv, wenn die Haut juckt.«

»Vermutlich wäre etwas Geschnürtes zu sexy, ist doch eine Hochzeit, aber sexy bin ich schon irgendwie, oder was denken Sie, lieber Guido?«

»Seine Familie ist so konservativ und seine Schwester hat schon gesagt, es darf nicht zu viel Haut gezeigt werden, da die Großmutter doch bei den Zeugen Jehovas ist. Die mögen doch keinen Geburtstag und die haben auch was gegen Weihnachten, wie sollen wir ihr dann die sexy Korsage erklären? Gott, ist das alles kompliziert.«

»Jetzt sagen Sie doch einmal, Herr Kretschmer, was ist denn gerade modern und haben Sie Erfahrungen mit den Zeugen Jehovas und ihren Hochzeitsvorstellungen, Sie kommen doch jetzt echt mal rum.«

»Hat nicht gerade auch diese hübsche Schauspielerin in ihrem Kleid diesen netten Muslim geheiratet? Stand doch in der Bunten, ach nee, Gala, ist ja auch egal, ich glaube, es kam bei Exclusiv.«

»Der sah aber jetzt auch mal unglaublich attraktiv aus in seinem schwarzen Anzug, ist ja auch toll, so ein rassiger Mann, egal, aber ich will jetzt auch nicht noch ein Kopftuch tragen, wo wir doch den Schleier schon ausgesucht haben, und übrigens ist Johannes ein toller Mann, obwohl ich glaube, sein graues Jackett ist ein Fehlkauf, aber seine Schwester wusste es ja wieder einmal besser.«

»Aber etwas ganz Elementares habe ich ja total vergessen, wir müssen daran denken, dass ich in vier Monaten viel schlanker sein werde, und sollten die Eiweißshakes wirklich den gewünschten Erfolg bringen, dann bin ich bis dahin eine Größe 34.«

»Haha, was meinen Sie, wie blöd da seine Schwester aus der Wäsche schauen wird, wenn sie versucht, sich unter Anstrengung in eine Größe 42 zu quetschen, und ich schlüpfe mal eben so in eine Größe 36, was sage ich, 34 … Aber jetzt denke ich doch gerade, wir sollten die Form noch einmal überdenken, da ich ja dann einfach alles tragen kann.«

»Dann nehme ich doch das von der Maxima, ach Quatsch, die hatte doch einen Reifrock, nee, ich meine das von der Letizia aus Spanien, die Dünne, Gott, ich bin dann auch so extrem schlank, ich kann es nicht mehr abwarten …«

Und ich sollte jetzt auch wieder zurückfinden zu meiner Geschichte!

Die erste weiße Braut, von der ich erzählen möchte, war ein zauberhafter Kugelfisch und so verliebt in einen Kubaner, der, als wir ihr Hochzeitskleid in Auftrag nahmen, noch nicht einmal in Europa war, geschweige denn über legale Ausreisepapiere verfügte. Er war selbstverständlich »der liebenswerteste Mann Kubas« und hatte eine so komplizierte Ausbildung genossen, dass ich beim besten Willen nicht mehr sagen kann, was es war. Ich weiß nur noch, dass ich dachte, wofür braucht gerade Kuba nur so einen ungewöhnlichen Beruf? Sie hatte ihn zweimal 14 Tage gesehen und ihm bereits einige Tausend Euro geschickt. Sein Diplom wollte er noch in Kuba machen und Deutsch lernen, um dann später auch für Sie und die geplante Familie sorgen zu können. Sie war beseelt davon, diesen Mann zu heiraten, und er offensichtlich sie! Als ich ein gemeinsames Foto sah, da befürchtete ich allerdings, er brauchte nur ein Visum für Europa und nicht meinen lieben Kugelfisch! Dieser bildschöne junge Mann wirkte auf der Fotografie wie ein

Fremdkörper und seine Arme hielten nicht die geliebte, zukünftige Ehefrau fest, sondern eine Touristin, die ersehnte Freiheit aus Deutschland und die Hoffnung auf ein besseres Leben.

Wir haben dieses Kleid für sie gefertigt, es sicher verpackt für die Reise in ein neues Leben. Die Robe war genauso übertrieben wie der Wunsch, dass dieser Mann sie glücklich machen sollte. Ich habe des Öfteren überlegt, ihr von meinen Zweifeln zu erzählen, aber sie war so verliebt und sich absolut sicher, den Mann ihrer Träume gefunden zu haben. Wer weiß schon, ob eine Vorahnung immer der Realität entspricht, und das Glück hat immer seine Berechtigung, egal wie exotisch es daherkommt. Das Gute an diesem romantischen Kleid war, es entsprach exakt ihrer Vorstellung von sich als Braut und ihrem sehnlichsten Wunsch, einmal im Leben Sissi sein zu dürfen. Ich kann mit Sicherheit sagen, es hat vielleicht nie mehr eine Frau gegeben, die sich so sehr gefreut hat, sie liebte dieses Kleid und betrachtete sich stolz in dem Bewusstsein, ihr Glück gefunden zu haben. Es war rührend, ihre Freude erleben zu dürfen, und trotzdem, mir ging nur ein Gedanke durch den Kopf: Warum war sie nur nach Kuba geflogen? Ihren Eltern war es nicht gelungen, sie von der überstürzten Hochzeit abzuhalten, diese Enttäuschung hätte ihr erspart bleiben sollen. Aber wenn ein verliebtes Herz blind für die Realität geworden ist, dann ist Vernunft ein unwillkommener Berater – und ein schöner junger kubanischer Mann der sehnlichst erwartete Prinz. Sie hat ihn dann in Havanna geheiratet und er war genau 14 Tage mit ihr zusammen in ihrer Wohnung in Deutschland, dann war es vorbei. Den seltsamen Beruf gab es auch in Deutschland nicht, aber eine blonde Rheinländerin, die er schon zuvor in Kuba kennengelernt hatte. Diese Dame brauchte kein Brautkleid, das hatten wir schon erledigt. Ob sie mit ihm glücklich geworden ist? Vielleicht.

Jahre später haben wir das Sissikleid von einigem Tüll befreit und der liebenswerte Kugelfisch konnte beim zweiten Versuch einen netten Kerl ehelichen. Der war zwar so blass wie Kalkstein, aber dafür hatte er einen Beruf, den es auch im wirklichen Leben gab, und das Herz am rechten Fleck! Noch heute ist sie überglücklich und Mutter von zwei Söhnen, sie fahren gern nach Norwegen, da ihr Mann die Sonne nicht verträgt.

Die zweite in Weiß gehüllte Braut war so katholisch und gottesfürchtig, dass ich mich nicht gewundert hätte, wenn der Ehemann Josef gewesen wäre und sie ein Kind in einem Stall geboren hätte, ohne jemals mit ihm geschlafen zu haben. Aber genau das war das Problem, sie war bei unserer zweiten Anprobe schon so schwanger, dass der Heilige Geist ganze Arbeit geleistet haben musste. Die ehemals schlichte Brautkreation brauchte etwas Volumen, und die Mutter der Braut konnte vor Tränen und lauter Scham die Augen kaum öffnen. Diese Familie hat während der Anproben so sehr geweint, dass ich schon geneigt war, einen Stimmungsaufheller in ihre Kaffeetassen zu versenken … Der zukünftige Ehemann hatte seine Fähigkeiten schon unter Beweis gestellt, denn er hatte sie gleich beim ersten Mal schwanger gemacht. Diese Beichte der zukünftigen Braut erlebte ich vor ihr kniend, während ich ihren Saum fixierte, und es hatte etwas sehr Bizarres, wie mir die Mutter dann die Schulter tätschelte und mir nach dem Geständnis ihrer Tochter herzlichst für meine Diskretion dankte. Der Vater der Braut sollte von dieser »befleckten Empfängnis« nicht informiert werden, so sah es der Plan der Mutter vor. »Ihr Kleid muss die Sünde verdecken«, sagte sie zu mir, um sich dann in meine Arme zu werfen und mir unter Tränen zu versichern, auch für meine Seele zu beten, da auch ich jetzt Teil dieser Schande sei. Ich weiß noch, wie ich dachte: »Jetzt übertreibts die Gute aber«, und nur der flehende Blick der Braut ließ mich den Satz unkommentiert stehen lassen. Bis zum heutigen Tag ist es mir ein Rätsel, wie dieses Geheimnis unentdeckt bleiben konnte, aber es hat funktioniert. Im Nachhinein muss ich sagen, dass eine geschickte Empireform doch immer Sinn macht und ein langer Spitzenschleier und ein ordentliches Orchideengesteck die besten Partner für ein Täuschungsmanöver sind. »Machen Sie wieder eine Jungfrau aus ihr …«, sagte die Mutter wieder einmal unter Tränen zu mir. Ein wirklich frommer Wunsch, aber was die Liebe da »zerstört« hatte, konnte auch ich nur notdürftig mit etwas Seide verdecken. Später habe ich erfahren, es waren eineiige Zwillinge, zwei süße Mädchen, die ich da verdecken musste, sie waren Frühgeburten, sehr früh, aber schon recht gut entwickelt, und einen Inkubator brauchten sie auch nicht. Halleluja, ein Wunder!

Die erste in Rot gehüllte Braut war eine Frau Anfang 50, sehr gepflegt, und die Bezeichnung »attraktive Blondine« hätte sie doch recht gut beschrieben. Es war ihre zweite Ehe, und der Mann ihrer Träume war sicher schon in den Achtzigern und hatte es schon einige Male vor ihr getan, er war sozusagen ein Profi. Ein alter Hase, der noch extrem agil und lebensfroh war. Jetzt mag das verständlicherweise so anmuten, als wäre es nur um Geld gegangen und eine erheblich jüngere Frau angelt sich einen reichen Greis, um ihren Lebensabend zu sichern. Nein, so war es nicht. Sie liebte ihn heiß und innig und er war der Mann ihrer Träume. Als wir uns zum ersten Mal trafen, da war ich sehr beeindruckt von diesem ungleichen, aber so verliebten Paar. Es war in Hamburg im schönen Hotel *Vier Jahreszeiten* und bei einer Tasse Tee sollte ich die beiden und ihre Beziehung näher kennenlernen. Ich hatte an jenem Tag meinen geliebten Frank dabei, den ich leider an diesem Nachmittag in kein Museum verfrachten konnte, da montags alle Kunsttempel geschlossen sind. Ich kann es nur empfehlen, einen kunstambitionierten Partner zu haben, ein Bildband zur rechten Zeit und eine spannende Ausstellung haben schon so manchen unerwarteten Arbeitsnachmittag gerettet! Es stellte sich aber als für ihn willkommene Abwechslung heraus, da auch er sofort von diesem ungewöhnlichen Paar begeistert war und ihre Gesellschaft schätzte.

Der zukünftige Bräutigam erklärte ohne Umschweife seine konkreten Wünsche für das Hochzeitskleid seiner, wie er sagte, »Kleinen«. Rot sollte es sein, mit Dekolleté und sexy. Jeder solle sehen, wie unglaublich attraktiv seine Auserwählte sei, und gleich im Anschluss fütterte er uns mit einigen Details aus ihrem Liebesleben. Wir staunten nicht schlecht, mit welcher Offenheit sie von ihrer Liebe sprachen, dieser Umstand musste ihnen offensichtlich eine große Freude bereiten. Leuchtend rote Seidenduchesse war die Wahl für dieses Hochzeitskleid und es war eines der gewagtesten Brautkleider, die ich jemals entworfen habe. Es war wunderbar anzusehen, wie dieser ältere Herr seine zukünftige Gattin liebte und begehrte, seine »Kleine«. Ich war mir sicher, die wesentlich jüngere Braut konnte diesem Charmeur nicht widerstehen, sie war ihm verfallen, und das zu beobachten war eine Freude und machte Mut, eines guten Tages selber alt zu werden. Noch heute reden wir von Zeit zu Zeit über dieses Paar. Eine meiner langjährigen Mitarbeiterinnen ist eine wirkliche Frohnatur und verfügt über eine nicht zu unterschätzende Portion Humor, sie weiß noch genau, wie dieser Mitte-achtzig-jährige Herr in unserem Atelier im Vorbeigehen zu ihr sagte: »Na, Mädchen, juckts noch manchmal bei Ihnen ...?« Sie bricht noch heute in schallendes Gelächter darüber aus und dieser Satz ist als Running Gag in unsere Firmengeschichte eingegangen! Die Hochzeit wurde sehr groß gefeiert, sie war eine wunderschöne rote und sehr verführerische Braut, und sogar ein Regionalsender hatte über diese Hochzeit berichtet. Der Bräutigam wollte, dass die ganze Welt von seinem Glück erfuhr, und dieser Wunsch war Ausdruck seiner Liebe zu dieser Frau. Leider ist er fast genau ein Jahr später gestorben, aber es müssen glückliche letzte Monate gewesen sein. Seine Witwe schrieb mir rührende Zeilen, und seitdem ich dieses ungewöhnliche Paar getroffen habe, hüte ich mich zu urteilen! »Die Kleine werde ich glücklich machen, weil ich sie so liebe ...«, diesen Satz werden ich und seine Frau wohl auch nicht mehr vergessen und für den Nächsten liegt die Latte hoch.

Die zweite in Rot gekleidete Braut und ihre Hochzeit waren etwas ganz Besonderes und suchen ebenfalls ihresgleichen. Das Ehepaar, das sich dazu entschied, seiner Verbindung einen Trauschein zu schenken, war sicher schon viele Jahre zusammen und Eltern von zwei Kindern. Was die beiden dazu veranlasste, etwas zu verändern, wer weiß das schon? Es ist vielleicht einfach die Unberechenbarkeit der Liebe oder die Sehnsucht nach Intensivierung der Verbindung oder nur die Freude, es dann doch zu machen, endlich zu heiraten! Warum etwas ändern, wenn doch alles gut läuft, ist die Frage, die häufig von denen gestellt wird, die nie gefragt wurden oder nie gefragt haben. Meine Nachbarn haben im letzten Jahr, nach über zwanzig Jahren gemeinsamen Lebens, geheiratet und sich acht Monate danach getrennt. War die Intention dann, noch etwas fast verloren Gegangenes zu retten? Ein Trauschein ist kein Rettungsboot, auch wenn die Zeremonie uns glauben lässt, dass es so sein könnte. Gemeinsamkeit braucht kein offizielles Papier, sagen einige, aber es kann glücklich machen, der Welt und einfach allen zu zeigen, wir sind jetzt eins. Vereint unter dem Dach des gemeinsamen Namens, was ja auch wieder für einige von uns undenkbar ist. Die komplizierten Doppelnamen sind eine Qual für die Mitmenschen, aber Ausdruck von Individualität und Bekenntnis derjenigen, die einfach nicht aufgeben wollten, die zu sein, die sie vorher waren. »Frau Henriette Angelika Blömenkötter-Schnarrenberger bitte zum Spieleparadies, sie können den Julian Jeromin Justin Blömenkötter-Schnarrenberger abholen.«

Meine »rote Braut« hatte keinen Doppelnamen, aber eine konkrete Vorstellung von ihrem Hochzeitskleid. Die für sie angefertigte Kreation war ein Geschenk des Hauses und für eine wunderbare Idee befunden worden, da einige meiner Freunde natürlich nicht wussten, was zu schenken wäre, wenn diese liebe Freundin heiraten sollte. Die Freunde also freuten sich, dass es mich gab, und ich hatte jetzt die gesammelte Truppe entlastet und die Anfertigung vor der Tür. Unser erstes Gespräch über ihre Wünsche ließ mich schmunzeln und erahnen, dass es sich hier nicht um eine »normale« Hochzeit handeln sollte. Die Braut war so weit weg von allem, was konventionell gewesen wäre, dass ich schon nach wenigen Augenblicken entschied: Hier gibt es nur sie und ihre Wünsche, es sollte jetzt einmal ganz hinten anstehen, ob es auch mir gefallen würde! Sie wollte es in Rot, Knallrot, um genauer zu sein, und zu allem Überfluss mit einem kurzen roten Schleier. Sie hatte, im Gegensatz zur bereits zitierten »Korsagenüberlegerin«, keine Angst vor Geschnürtem und freute sich auf eine Mischung aus Mittelalter- und Theaterkostüm. Sie ist ein wunderbarer Mensch mit einem herzlichen Lachen und blitzgescheit, das sollte an dieser Stelle einmal gesagt werden. Sie ist aber auch ein Erdmädchen, und ein praktisch gekleidetes noch dazu. Eines mit Herz, Hintern und Verstand! Die Gesichtsform ist recht rund und eingerahmt durch einen glatten und feinen Bob, der mit Spange auf der einen Seite fixiert wird. Wenn es eines in ihrem Gesicht gibt, das neben der Brille als markant zu bezeichnen wäre, dann sind es sicher ihre roten Bäckchen. Dieses dominante Rot verstärkt sich bei Aufregung und eigentlich braucht es nicht viel, damit es sich noch intensiviert. Sie trägt häufig Praktisches und gern auch einmal einen Rucksack, aber niemals Make-up oder irgendeine dekorative Kosmetik. Jetzt wird sicher für den aufmerksamen und fantasievollen Leser langsam ein Bild von dieser wunderbaren Frau Gestalt annehmen; festhalten, genau so sieht sie aus!

Als sie zum ersten Mal das Textil gewordene Resultat ihres Kleiderwunsches an sich sah, da musste selbst sie minutenlang lachen, was aber nicht zur Folge hatte, die Wunschfarbe oder auch den Schnitt zu überdenken. Es war ihr Traumkleid, oder sollte ich Kostüm sagen, da sie nicht nur eine sehr begabte Dramaturgin ist, sondern auch noch schauspielambitioniert und immer bereit kleine Rollen zu übernehmen. Als meine Direktrice ihr den roten Schleier aufsetzte, da wurde es ganz still in unserem Atelier. Jeder bis auf die Braut dachte: »Bitte nicht in Rot!« Die zukünftige Braut intensivierte ihr Wangenrot vor lauter Freude noch einmal deutlich und ich war dankbar, dass die Rottöne so gut zusammenpassten.

Es kam, wie es kommen sollte, die rote Kreation war durchaus als gewagt zu bezeichnen und ich erahnte schon den vereinten Verriss der Hochzeitsgäste. An dieser Stelle sollte vielleicht noch erwähnt werden, dass genau an jenem Tag nicht nur das rote Brautkleid verheiratet werden sollte, sondern auch noch ein befreundetes und prominentes Männerpaar. Mein Morgen sollte, selbstredend in einem schicken Anzug, in Berlin starten, um Gast dieser eleganten Hochzeit zu sein. Wenn Künstler aus den Medien heiraten, dann kann es durchaus vorkommen, dass recht opulent und gediegen gefeiert wird. Die Location war keine geringere als unser rotes Rathaus und auch der Bürgermeister sowie unzählige Künstler waren unter den geladenen Gästen. Ich stand neben einer lieben Freundin, einer sehr bekannten deutschen Sängerin, die mit mir zusammen tapfer die gefühlte fünfundzwanzigste Lieddarbietung ertrug. Die Stimmung meiner Schlagerfee sank mit jedem weiteren Musikstück immer weiter nach unten, da sie nicht verstehen konnte, nicht auch um diesen Gefallen gebeten worden zu sein. Als dann noch der überaus redegewandte Vater des einen Bräutigams eine Ansprache hielt, die so anrührend und emotional war, dass selbst hartgesottene Männer den Tränen nahe waren, da hielt ich eine heulende Schlagereule in den Armen und konnte ihr nicht widersprechen, dass die Aussicht für sie, auch so eine Hochzeit erleben zu dürfen, wohl nicht im Bereich des Möglichen lag. Sie sagte so etwas wie, einen Nummer-eins-Hit bekäme sie vermutlich auch nicht mehr hin, und ich könne ihr glauben, dass mir die Chance, ihr ein Kleid zu entwerfen, sicher erspart bliebe. Wie sie so auf meiner Schulter hing und mein Sakko als Taschentuch missbrauchte, konnte ich auch kaum protestieren. Die Hochzeit war perfekt organisiert, die Weddingplaner hatten ganze Arbeit geleistet und nichts wurde dem Zufall überlassen. Als zum Ende auch noch ein wie von Geisterhand auftretender Gospelchor den Raum mit seinem Halleluja erfüllte, da war auch dem Letzten klar, hier heirateten Profis! Nachdem auch noch ein gutes Dutzend weiße Tauben in die Luft stiegen, da wusste ich, jetzt sollte ich mich auf den Weg zu meiner zweiten Hochzeit des Tages machen, wohl wissend, dass es mit den Vögeln erst einmal vorbei sein sollte.

Selbstredend war ich für die kommende Vermählung völlig übertrieben gestylt und erst im Auto fiel mir auf, nicht daran gedacht zu haben, etwas für den Nachmittag mitzunehmen, da ich am Abend dann wieder auf die erste Hochzeit zurückkehren wollte. Zwei Hochzeiten an einem Tag sind für Standesbeamte normal, für mich eindeutig zu viel! Die zweite Trauung fand in einer alten Dorfkirche statt, die so sehr am Ende der Welt lag, dass ich für einen ganz kleinen Moment bereute, dass die Mauer gefallen war. So was von versteckt in einem dieser Dörfer, die mit -itz enden, und es war ein Wunder, dass die Wende hier überhaupt bemerkt worden war. Heute, Jahre später, besitze ich ein kleines Haus in diesem Kaff und liebe es. Mein Navigationsgerät weigerte sich strikt, mich in das Berliner Umland zu führen, und hörte nicht auf, »Bitte wenden« zu sagen. Die Kirche war überfüllt mit Menschen, die ich nicht kannte. Hätte ich nie die vielen Kinder im Berliner Bezirk Prenzlauer Berg gesehen, ich hätte mir nicht vorstellen können, dass so viele kleine Menschen in einem geschlossenen Raum Platz gefunden hätten. Das Gotteshaus platzte aus seinen alten Nähten und dieser Umstand spricht noch einmal mehr für das zauberhafte Brautpaar und seine Beliebtheit. Diese Veranstaltung war ein totales Kontrastprogramm zu meiner morgendlichen gestylten Hochzeit, und weiße Tauben und Weddingplaner waren nicht anwesend. Mein eleganter Anzug erntete einige verachtende Blicke, da ich vermutlich aussah wie ein Westlobbyist, der seine Immobilien zurückforderte. Gottlob entdeckte ich meine Freunde in einer der vorderen Bänke, und das auch nur, weil ein elegantes Hütchen wie ein Fremdkörper nach oben zeigte. Eine der lieben Freundinnen scheute auch nicht, gleich zu bemerken, dass sie die rote Kreation bereits gesehen hätte und doch einige von uns verwundert wären, dass ich da mitgemacht hatte. Aufgrund des Kindergeschreis und der Eltern, denen es fernlag, die Brut zu beruhigen, konnte ich den Verbesserungsvorschlägen meiner Freunde nur begrenzte Aufmerksamkeit schenken. Die einhellige Meinung war, es könne später ohne Probleme in ein Theaterstück eingebaut werden, ich konnte nicht widersprechen. Warum sie jetzt im Nachhinein alle so bemüht waren, machte überhaupt keinen Sinn mehr, da sie zum einen wussten, Rot, Kostümierung und Theater machten unserer lieben Freundin noch nie Angst, und ihre roten Wangen waren ja auch nicht gerade gestern zum ersten Mal aufgetreten.

Als sie dann mit ihrem Mann in die Kirche trat, hörten sogar die Kinder für einen kurzen Augenblick auf, aus vollem Halse zu schreien, da sie wohl dachten, ein fröhlicher Wanderzirkus hätte in der alten Kapelle Station gemacht. Sie sah so glücklich aus und ihr wunderbarer Mann und die zwei Kinder strahlten vor Glück. Als jedoch der Pfarrer von der Liebe sprach, verstand ich kein Wort und es war die lauteste und unruhigste Hochzeit meines Lebens. Ich habe, um ehrlich zu sein, die ganze Zeit mit einem Freund über ein Filmprojekt gesprochen, und das nicht, weil wir unhöflich waren, sondern weil wir absolut nichts sehen, geschweige denn hören konnten und das Kindergeschrei sich im Laufe der Veranstaltung noch intensivierte. Dennoch hatte diese Hochzeit etwas Rührendes und war so einzigartig wie das Brautpaar und die illustren Gäste. Die Anspannung, die nach überstandener Zeremonie von den Gästen und den Hauptakteuren abfällt, ist immer die gleiche, endlich geschafft und jetzt bitte feiern! In dem Moment kollektiver Erleichterung wurden zwei braune Ponys auf den Kirchplatz geführt. Ich staunte nicht schlecht, als meine Braut und ihr Ehemann binnen Sekunden auf den Tierchen saßen und der versammelten Gästeschar andeuteten, jetzt reitend den Weg zur Partylocation zurücklegen zu wollen.

Die Hitze des Tages und die Anspannung der Zeremonie hatten mittlerweile das Wangenrot so leuchten lassen, dass es fast keinen Farbunterschied mehr zu ihrem roten Kleid und dem Schleier gab. Ein plötzlich aufkommender Wind kündigte ein Sommergewitter an und ihr großer, in Unmengen von rotem Stoff verpackter Hintern und die armen kleinen Ponys waren das Letzte, was ich von ihr und ihrem Mann sah. Sie trabten in Richtung Wald und wir suchten unsere Autos auf, um nicht von dem einsetzenden Regen und dem Gewitter überrascht zu werden. Mein Einwand, bei einem Gewitter vielleicht besser nicht durch einen Wald zu reiten, wurde ebenso wenig beachtet wie die Befürchtung, dass der Regen in der Verbindung mit dem roten Brautkleid verheerende Folgen für die Optik der Braut zur Folge hätte.

Das Hochzeitsfest wurde in einem wunderschönen Garten gefeiert und ich hatte noch immer nicht überwunden, dass mein Hochzeitskleid gerade durch den Wald galoppierte und sicher nicht ansehnlicher wurde. Als sich eine wirklich geraume Zeit später die völlig erschöpften Pferdchen auf den Hof schleppten, da wurde mir dann wirklich der Stecker gezogen. Meine rote Braut war völlig durchnässt und der Schleier hing wie ein roter Lappen an ihr runter. Das ganze Kleid war übersät mit Schmutz und Tannennadeln und allem, was ein anständiges Unterholz zu bieten hatte. Es gab nur zwei Möglichkeiten: Sie musste vom Pferd gefallen sein oder sie hatte die Hochzeitsnacht vorverlegt und nur der nasse Wald war Zeuge des Liebesspiels gewesen. Als sie mein entsetztes Gesicht in der jubelnden Menge entdeckte, da schenkte sie mir einen Blick, der vielleicht »Alles in bester Ordnung« ausdrücken sollte. Ihr Wangenrot sah noch etwas gesünder aus, als es ohnehin schon immer gewesen war, und stützte meine Vermutung, dass sie im Wald etwas Positives erlebt hatte. Als ich zu meinem Wagen ging, da sah ich noch aus dem Augenwinkel, wie eines der Kinder die Ponys mit dem Apfelkuchen fütterte, und mit einem Lächeln und klatschnass stieg ich in mein Auto.

In dieser Nacht habe ich die zweite Hochzeitsparty nicht mehr richtig genießen können, und als meine mittlerweile nicht mehr nüchterne Schlagerfreundin »Es steht ein Pferd auf dem Flur« anstimmte, da war klar, an diesem Tag musste endlich einmal jemand Nein sagen.

Das Brautkleid

*»Der Mensch allein ist unvollkommen, er braucht
einen zweiten, um glücklich zu sein, und das richtige
Brautkleid, um Ja zu sagen …«* GMK

WAS IST EIN BRAUTKLEID UND
WO KOMMT ES EIGENTLICH HER?

Kaum ein anderes Kleid spielt im Leben einer Frau eine so
große und wichtige Rolle wie das Brautkleid. In einem Traumkleid einen Traumpartner zu heiraten ist ein großer Wunsch,
der bei vielen Frauen auf der ganzen Welt der gleiche ist und
der sie sehr glücklich machen kann. Die Vision, das schönste
Kleid für den schönsten Tag im Leben zu finden, ist so alt, wie
es Damen gibt, die eine Verbindung eingehen wollen. Schon
im Mittelalter wollte das zarte Geschlecht eine gute Figur machen und der Hochzeitstag war willkommener Moment, einmal allen zu zeigen, wie schön oder vermögend die Auserwählte war oder werden würde.

Hochzeiten sind die Erfüllung für die Liebe, aber auch
willkommener Anlass, eine gute Verbindung einzugehen. Die
Ehe war damals häufig ein Zweckbündnis und es war nicht
selten, dass sich die Liebe dann über die Hintertür einstellte
und arrangierte Ehen glücklich wurden. Den Trend, ein weißes Hochzeitskleid zu tragen, haben wir einer britischen Adeligen zu verdanken. Die Trägerin, die das moderne Brautkleid

populär machte, war Prinzessin Philippa von England. Den Quellen nach soll sie ein Kleid und einen Mantel aus weißer Seide getragen haben, als sie am 26. Oktober 1406 mit gerade einmal 13 Jahren den späteren schwedischen König Erik I. in Lund in Südschweden heiratete. Etwa 150 Jahre später machte eine weitaus bekanntere Braut mit ihrem weißen Kleid von sich reden. Königin Maria von Schottland, besser bekannt als Maria Stuart, sagte am 24. April 1558 in der Notre-Dame de Paris in einem Traum aus weißer Atlasseide »Ja«. Die zwölf Meter lange Schleppe war mit Edelsteinen bestickt und war ein Traum und der Inbegriff für Reichtum und Luxus in jener Zeit. Damals war die Farbe Weiß nur trauernden Königinnen vorbehalten, doch die Braut wollte mit dieser Farbe ihre Unabhängigkeit, Unschuld und Jungfräulichkeit demonstrieren.

Bis heute stehen bei den Hochzeiten der europäischen Königshäuser die Brautkleider im Mittelpunkt. So manchen blassen Ehemann hätten wir vergessen, wenn nicht ein Traumkleid die Veranstaltung gerettet hätte. Schauspielerin Grace Kelly trug 1956 ein extra für sie entworfenes Brautkleid aus weißer Spitze. Als sie mit diesem Kleid vor den Altar trat, zog sie nicht nur die Blicke ihres zukünftigen Ehemannes Fürst Rainier III. von Monaco in seinen Bann, sondern löste gleich einen Trend aus. Ihre Kostümbildnerin Helen Rose hatte diesen Traum entworfen, die beiden spielten adelige Hochzeit, und wenn man die Original-Filmaufnahmen sieht, scheint diese Vermählung einem Hollywoodfilm entsprungen zu sein. Dafür gab es keinen Oscar, aber ein Krönchen und ein Fürstentum. Spitzenbrautkleider wurden der neuste Schrei und es gab kaum eine Braut, die nicht etwas Spitze bei ihrer Hochzeit verarbeitet wissen wollte. Meine Mutter heiratete auch in einem Spitzenkleid, das seine Ähnlichkeit mit dem von Grace Kelly nicht verbergen konnte. Nur, meinem Vater gehörte nicht ganz Monaco und es gab auch kein Krönchen für meine Mama, dafür aber später fünf Kinder, und eines macht ihr heute Kleider … Die spektakulärste Hochzeit der Gegenwart war sicher die Vermählung der Prinzessin Diana mit dem Thronfolger Prinz Charles 1981 in London. Niemals haben so viele Menschen eine Hochzeit live im TV verfolgt. Hätte die Welt damals gewusst, dass zu diesem Zeitpunkt schon die »olle Camilla« an dem Ehemann hing und er ihr »Tampon« sein wollte, wir hätten unsere Diana davon abgehalten und das Fernsehgerät ausgeschaltet …

WELCHE BRAUTKLEIDER GIBT ES UND WER SOLLTE SIE TRAGEN?

Die Frage, welches Kleid soll mein Hochzeitskleid werden, ist so schwer zu beantworten wie die Frage, warum habe ich mich genau für diesen Partner entschieden. Wer weiß schon, warum wir etwas lieben und warum eine Braut manchmal an Geschmacksverirrung leidet? Weil sie sich verliebt hat, weil es so aussieht, wie es eben aussieht, und weil einmal Prinzessin sein zu können in Mädchen angelegt ist. Ich kenne Frauen, die haben sich erst in das Kleid und dann in einen Partner verliebt. Sie wussten mitunter genau, dass es nur dieses Kleid werden konnte, und ein Partner war da noch nicht einmal in Sicht. Eine Kundin ließ sich ihr Brautkleid 4 Jahre vor der eigentlichen Trauung anfertigen und zog es immer mal wieder an und spielte Hochzeit. Der Ehemann war dann sozusagen nur noch ein Accessoire, das dazu ausgesucht werden musste.

Das voluminöse Brautkleid

… oder das Sahnebaiser, wie es auch gern genannt wird. Wenn Sie nicht zu den sehr Schlanken gehören und nicht dicker wirken wollen, als Sie sind, dann ist dieses Modell nichts für Sie. Diese Kleider brauchen eine Frau mit einer schmalen Taille, da das Volumen der unendlichen Stoffbahnen Sie schnell mächtig aussehen lässt. Kleine zarte Elfenfrauen gehen in so einem Kleid verloren. Kugelfische und Buddhagirls sollten nicht einmal darüber nachdenken! Die großen Walküren flößen Angst ein, wenn sie mit so einem überladenen Kleid die Kirche oder das Standesamt betreten. *Sissi* war ein Film und die Kaiserin war sehr dünn, zudem wurde sie sicher von zehn Assistentinnen in ein Korsett geschnürt und hat bei ihrer Hochzeit nichts gegessen! Wollen Sie das? Ich denke nein, deshalb Finger weg von diesen völlig übertriebenen Märchenkleidern!

Die A-Form

Ein Schnitt, der vielen Bräuten eine gute Figur zaubert. Einen Reifrock gibt es bei diesem Kleid nicht, aber ein voluminöser Unterrock mit etwas Tüll verstärkt die leicht ausgestellte Form des Rockes noch einmal. Diese Kleider sind schön in fester Seide wie z. B. Duchesse, aber auch in Spitze sind sie zauberhaft. Mit einem schönen Schleier können Sie das Kleid noch einmal ganz unterschiedlich wirken lassen. Ein zarter kleiner Schleier wirkt feminin und frech. Ein voluminöser Schleier ruft schon von Weitem: »Hallo, hier ist die Braut!« Ein langer Schleier aus Spitze, der noch einige Meter hinter Ihnen herzieht, ist zu einem schlichten Kleid wunderbar und macht sich auf Fotos und in der Erinnerung der Gäste immer gut! Die A-Form ist ideal für alle mit etwas Hüfte und Bauch. Massige lässt sie größer erscheinen und gibt einen aufrechten Gang.

Die Meerjungfrau, die sich traut

Diese Kleider sind gemacht für die weibliche Figur. Diese Kleiderform zeichnet wie kein anderes Modell Ihre Figur nach. Es gibt sie trägerlos und mit Neckholder, aber auch mit einem V-Ausschnitt haben sie ihren Reiz. Dieses Kleid ist heilig und sexy gleichermaßen und eine gute Option für kleine und sehr weibliche Frauen. Ein Schleier wirkt auf diesen Kleidern immer gut und schafft einen schönen Kontrast zum femininen und gewagten Schnitt.

Das schmal geschnittene Brautkleid

Dieses Kleid ist in aller Regel schmal und relativ gerade geschnitten. Diese Kleider sind gemacht für die stillen und zurückhaltenden Bräute. Es braucht ein gutes Material und wenig Dekoration. Ein leicht bestickter Ausschnitt und ein zartes Taillenband können sehr elegant und vornehm sein. Ein langer gerader Schleier gibt diesen Bräuten etwas Ruhiges und Geheimnisvolles. Ein schlichter Brautstrauß und vielleicht auch ein Diadem sind besonders schön für kleine Frauen. Eine Hochsteckfrisur und ein Kopfschmuck lassen größer wirken. Gleiches gilt für einen V-Ausschnitt und zarte Träger, die längs zum Kleid verlaufen. Dieses Kleid können aber auch die sportlichen Walküren tragen, die mit fester Stimme »Ja!« sagen …

Das Korsagenkleid

… gibt es gerade geschnitten oder mit Reifrock. Diese Variante des Brautkleides nimmt in den letzten Jahren stetig zu und viele Frauen fühlen sich in so einem Kleid sicher und gut verpackt. Der Satz »Mit einer Korsage würde es mir auch gefallen« zeigt, wie gern und oft ich schon jenen Wunsch gehört habe. »Dann fühle ich mich sexy und schlank« ist auch so ein Satz und diese Aussage trifft die Besonderheit dieses Kleides schon recht gut. Es ist ein Brautkleid für weibliche Frauen. Eine Korsage ist, wenn sie hinten geschürt wird, ein schöner Effekt, aber nur dann, wenn an den Seiten nicht der Körper versucht auszubrechen! Es gibt kaum einen schlimmeren Anblick als eine Braut von hinten, die in eine Korsage gequetscht wurde. Diese Kleiderform kann eine Taille formen und den Busen optimieren, aber eine Wunderwaffe für jede Figur ist so ein Kleid nicht! Ein gut sitzendes Brautkleid mit einer Korsage und einem schönen Schleier ist eine Augenweide und wunderschön. Brautmode gehört in die Hände von Fachkräften; eine kompetente Verkäuferin, eine ehrliche und liebevolle Shoppingbegleitung, ein Traumpartner und eine liebenswerte Schwiegermutter – und Ihrem Glück steht nichts mehr im Weg.

Das optimale Brautkleid für mollige Traumfrauen

Es gibt sicher auch wunderbare Kleider von der Stange, aber mit einer Anfertigung könnten Sie das vollendete Kleid bekommen, da es für Ihren Körper maßgearbeitet wurde. Es kann Ihre Stärken wunderbar in Szene setzen und die Schwachstellen geschickt verdecken, und Sie können mehr Einfluss nehmen auf die Anforderungen, die das Kleid für Sie erfüllen soll.

Die vorteilhafteste Form für große Größen ist die Empireform. Dieser Schnitt ist optimal für die starken Mädchen und macht die beste Figur! Es braucht eine hohe Taille und einen V-Ausschnitt oder einen eckigen, bei einer starken Oberweite, und ein kleiner Ärmel wäre optimal. Alles andere kann ganz nach Ihren Wünschen geschehen. Es darf reich bestickt sein,

ein Spitzeneinsatz, der von der hohen Taille nach unten läuft, ist zauberhaft, es darf ein Satinband haben und natürlich einen Schleier so lang, wie Sie es sich wünschen! Auch können Sie einen wirklich gut gemachten Bolero tragen, aber bitte nur einen schönen! Ein kleines Krönchen steht Ihnen gut und eine Prinzessin sind Sie doch auch! Bitte tragen Sie niemals Puffärmel und Rüschen, diese Art von Stoffdrapierungen haben an Ihrem schönsten Tag nichts verloren! Abschließend sollte noch gesagt werden: Kleine Peeptoes sind perfekt für eine Braut, aber auch ein schöner spitzer Pump vollendet diesen Look. Fesselriemchen lassen Ihre Beine kürzer wirken, wenn sie sich für ein kurzes Brautkleid entscheiden sollten. Feine schöne Wäsche, zarte gute Seidenstrümpfe und ein hübsches Strumpfband, etwas Blaues und etwas Geliehenes, etwas Neues und etwas Altes sollen Ihnen Glück bringen und ein Leben in Liebe, dass wünsche ich Ihnen von Herzen.

MARRY A WOMAN

Wer ein sechs Meter langes Stück Stoff zu einem Kleid wickeln kann, der ist von Haus aus eine Inderin oder hat eben jene komplizierte Wickeltechnik in einem Seminar erlernt. Der gemeine Sari ist nicht gerade als *easy wear* zu bezeichnen, denn er benötigt neben Geschick auch einen Körper, der eben solch ein Kleidungsstück auch zulässt. Natürlich kann jeder alles tragen, ob sich aber jeder damit auch einen Gefallen tut, das steht noch auf einem ganz anderen Blatt. Eine schwer übergewichtige Russin mit Ayurveda-Ambition kann in einem Sari genauso deplatziert wirken wie eine traditionelle Inderin in einem Jogginganzug aus Fliegerseide und dem Aufdruck »Holsten knallt am dollsten«. Aber dazu später mehr.

Vor einigen Jahren war Trivandrum an der äußersten Südspitze Indiens mein Reiseziel. Ein Ayurveda-Aufenthalt mit allem Schnipp und Schnapp oder besser gesagt eine »Panchakarmakur« mit Öl und nochmals Öl sollte Entgiftung und Entspannung bringen. Ich hatte meine gute Freundin Annette im Gepäck, der Wunsch, neben spiritueller Reinigung auch noch einige Kilos zu verlieren, verbindet uns seit Jahren. Wir probieren alles, und mit »alles« meine ich auch alles.

Wer für Hungern Geld ausgibt, der kann mit Recht als ziemlich bescheuert bezeichnet werden, ja, das sind wir! Annette, jetzt ist es raus, und nach unserer gescheiterten Ayurveda im Schwarzwald konnten in unserem Fall nur noch die Profis in Indien unser angeschlagenes Kurerlebnis korrigieren. Diese uralte indische Lehre vom Gesunden mit Öl und Massage unter Berücksichtigung der Konstitution und einer entsprechenden Ernährung und Yoga ist Ayurveda. Es gibt die drei Doshas oder Prinzipien des Lebens. *Vata* ist Wind und Luft, immer in Bewegung, also häufig die sehr Schlanken. *Pitta* ist Feuer und Wasser, der gute Stoffwechselmensch kann gut verbrennen und ist auch eher sportlich. Dann gibt es noch *Kapha*, steht für Erde, steht gern auf zwei stämmigen Beinchen und freut sich, wenn es was zu essen gibt, mal in meinen Worten beschrieben. Im Optimalfall ist alles gut ausgewogen, ist aber fast nie der Fall, darum sind ja auch alle, die es sich leisten können, beim Ayurveda.

Schon bei der Anmeldung unter Palmen war klar, Kapha wollte keiner sein. Das Wartezimmer in jener Palmenklinik war eine Bretterbude mit geschnitztem, duftendem Räucherwerk und schweren, für meinen Geschmack viel zu schweren, Kolonialmöbeln und einer bunten Mischung an frisch angereisten Patienten. Das Erkennungszeichen der Neuankömmlinge war nicht nur der blasse Teint und das erschöpfte Gesicht vom langen Flug und der beschwerlichen Anreise mit einem indischen Bus, sondern das noch fehlende verklärte Strahlen. Die »Ich-bin-schon-etwas-länger-da-Mitmenschen« zeichneten sich nicht nur durch dieses Strahlen aus, sondern durch die grünen Gewänder und den Lappen auf den Köpfen, der das ölgetränkte Haar verdeckte, sowie je einen Beutel mit viel zu langen Tragriemen. Die grüne Tracht war ein Baumwollgewand und hatte etwas von einem Kaftanmännchen, das sich mit einem Bademantelweibchen eingelassen hatte, und heraus kam ein Operations-Kaft-Mantel … und war wirklich nicht so chic wie ein Sari. Den trugen natürlich nur die Inder, damit auch klar war, wer Hilfe brauchte. Einzige Ausnahme war eine Schweizerin, die sich später als eine sehr mutige Dame herausstellte. Sie lebte am Fuße des Vulkans Stromboli in Sizilien und hatte ihr Haus erst verlassen, als die Asche schon hüfthoch stand. Wer so viel Mut hat beziehungsweise so dämlich ist, der kann auch zum Leidwesen der Inder Sari tragen. Gottlob gab es unter den »Eingeweihten« noch mehr Mischtypen, und so versöhnte dann der Vermerk »etwas Pitta mit viel Kapha«. Kapha ist böse, da gern dick. Alles wurde in unseren Plan geschrieben. Auf dem Einband dieses Heftchens wurde mit roten Buchstaben vermerkt, was der Patient war, und zu allem Überfluss noch das Geschlecht und das aktuelle Gewicht. Beides völlig sinnlos, da in diesem grünen Kittel jeder irgendwie dick aussah und das Geschlecht fast nicht mehr zu erkennen war, was im Übrigen auch durch den Lappen auf dem Haupt noch verstärkt wurde. Mein Gewicht traf leider ein kleiner Teetropfen ... ach, wie schade.

Die Ärztin der Einrichtung hatte leider am nächsten Tag nichts Besseres zu tun, als die verwaschene Zahl jetzt auch noch in roten Großzahlen neben Kapha-Pitta zu kritzeln. »Thank you, Indira Gandhi!« Vermutlich war ich nicht der erste Grünkittel, der den Teetrick versucht hatte, und die große, rote Zahl war dann wohl die Bestrafung, seis drum. Besagte Ärztin hörte auf den Namen Doktor Vinas. Sie war maximal 1,45 m groß und für mein noch ungeschultes Ayurvedaauge mehr Kapha als ich! Dr. Vinas schmeckte es anscheinend auch ganz gut. Die Voruntersuchung beschränkte sich auf 3 Fragen und 3 Untersuchungen. Der Check-up bestand aus wiegen, Puls tasten und Blutdruck messen. Die drei Fragen betrafen: rauchen, trinken und, ganz wichtig, Familienstand! Das Ganze dauerte 5 Minuten, kein Rauchen, kein Alkohol, Familienstand »mit Frank lebend, aber sehr glücklich« verkürzte meine Untersuchung noch einmal um 2 Minuten. Sie nahm meine Hand und alle, die den typisch indischen Akzent kennen (wenn Inder Englisch sprechen), hören jetzt ihre Worte: »You rilli nice, we can help, but marrie a wuman, Giiido, we noot hävv dat in India …« Ich bedankte mich überschwänglich für diesen wunderbaren Hinweis, ohne sie darauf hinzuweisen, dass es sicher auch in Indien Männer gab, die Rajesh und Balu heißen und vermutlich nicht von Dr. Vinas als Ehefrau träumen.

Ich liebe Indien, das sollte an dieser Stelle gesagt werden, doch mein größter Horror in diesem wunderschönen Land war es immer, Insekten zu treffen, die krank machen können, überdimensionale Ratten und ein Notfall im Hinterland! Wir wurden in hübschen kleinen Häuschen untergebracht. Die Einrichtung war einfach, viel grobes Koloniales, ein Moskitonetz über dem Bett, was krankheitsbringende Insekten abhalten konnte, und ein kleiner Tempel mit Räucherwerk. Das Bad war ein halb offener Anbau mit einer Dusche und eher dunkel und roch extrem nach dem Öl, was sich später als die Geheimwaffe schlechthin herausstellen sollte. Leider hielt die offene Bauweise meines Bades auch nicht die Riesenratten davon ab, den Raum zu nutzen. In Augenhöhe stand eine Lebendfalle mit Köder. So schnell, wie mir in den nächsten Tagen das Öl von meiner Stirn rinnen sollte, war ich an der Buschrezeption. Leider gab es nur eine »Villa« mit einem geschlossenen Bad, natürlich in einer besseren Kategorie, die aber besetzt war von einer Schweizerin, der »Sariträgerin« vom Stromboli. Nein, nein, keine Rattenfalle, die wäre für die Eichhörnchen, die so gern zu Besuch kämen. Ich glaubte Vischu Kandi von der Rezeption, weil ich eigentlich gar keine Chance hatte, etwas anderes zu glauben, die Alternative wäre meine sofortige Abreise gewesen. Also ein Eichhörnchen, wie niedlich!

Ich habe nicht ein Mal in den 14 Tagen das Bad betreten, ohne nicht vorher mehrmals gegen die Tür getreten zu haben. So hatten die Eichhörnchen Zeit zu fliehen. Mehrmals überlegte ich die Falle zu entsichern, ich wollte nicht sehen, was gefangen würde, sollte die abenteuerliche Konstruktion funktionieren. Ich ekelte mich aber so sehr vor der alten Schmuddelfalle, dass ich versuchte das Ding zu ignorieren. Meine erste Übung in Indien lautete: Ich liebe Eichhörnchen und der olle Kasten ist Teil der Baddekoration. Ich sah vor meinem inneren Auge mehrmals Tine Wittler in mein Bad huschen, die Rattenfalle noch einmal etwas umpositionieren und mit einer Blüte vollenden und dann mit einem selbstgefälligen Lächeln ihr Werk bestaunen.

Die Kur hatte ihre Highlights, aber auch Momente, in denen ich dachte, die spinnen doch und das mache ich nicht mit. Wer jemals in einer Stundenaktion Röhren aus Lehm um seine Augen gebastelt bekommt, die dann mit warmem Öl gefüllt werden, und der Aufforderung nachgekommen ist: »Open your eyes«, der wird verstehen, dass das Überwindung kostet. Es brauchte drei Aufforderungen, bis ich in das warme Öl schaute. Meins ist es nicht, sollte an dieser Stelle gesagt werden.

Unsere Ayurvedafarm war eben keine Wellnessoase unter Palmen, sondern eine Klinik mit Anwendungen für Fortgeschrittene. Sozusagen unsere Wiedergutmachung für die laue Kur im Schwarzwald. Es brauchte keine zwei Tage, da waren auch wir »Lappen-auf-dem Kopf-Menschen« und trugen unseren Beutel von einer Anwendung zur nächsten. Fragen Sie mich nicht, ob es richtige Erholung war, ich bin da gespalten. Es gab Tage, da hatte ich mehr Termine als an manch einem

stressigen Arbeitstag. Der Unterschied war aber, ich hatte einen »Operations-Kaft-Mantel« an und trug mein Gewicht in roten Zahlen durch die Anlage und hatte den nicht zu vergessenden Öllappen auf dem Kopf. Unsere Mitstreiter im Ayurvedacamp lungerten überall herum: vor den Behandlungsräumen, den Yogakursen und natürlich in unserem offenen Speisesaal mit dem Blick auf das Meer und unseren Pool. Es gab Buffet, aber wir durften nur die Deckel der Speisen öffnen, die auch mit dem Eintrag auf unserem Büchlein übereinstimmten. Futterneid war vorprogrammiert, da es die Vata-Menschen natürlich immer etwas leckerer hatten …

Die Anfangs erwähnte russische Matrone aß von allem und schaute die kleinen zarten Inder so durchdringend an, dass sich keiner der Servicekräfte getraut hätte, ihr etwas zu verweigern. Wir nannten sie und ihre Begleiter die Oligarchentruppe. Ein großer stattlicher Russe, Mitte 50, einer, wie Putin ihn sich sicher für sein ganzes Land wünschen würde, war der absolute Chef dreier sehr stark übergewichtiger Frauen. Später stellte sich heraus, es war seine Gattin Olga, die nicht Ayurveda sagen konnte und die vegetarische Kost verabscheute, aber Unmengen davon aß, nebst den Töchtern Anastasia und Ludmilla, die auch mehr Kapha-Anteile aufwiesen und wie Mutti unter Bluthochdruck litten. Igor war der einzige im Camp, den ich nie mit einem »Lappen« auf dem Kopf gesehen habe. Ich mochte ihn, er sprach ein grauenvolles Englisch, aber er hatte Humor und ein Problem mit seinen »big girls«. Einmal sagte er: »They make me crazy, they all borderline …« Er glaubte nicht an den Öl-Hokuspokus, aber er wusste, seine Mädels brauchten Hilfe. Er lachte laut und liebte die grünen Kokosnüsse, die es nach überstandener Behandlung gab. Als ich ihm von meinen »Termitenröhren« auf den Augen erzählte, schrie er vor Lachen, er glaubte mir kein Wort. Später habe ich erfahren, dass er seinem Masseur den Lehm um die Ohren gehauen und danach nur noch vierhändige Massage zugelassen hat.

Jeder Tag brachte neue Erfahrungen, mit dem Öl, den Geschichten der anderen und dem täglichen Arztbesuch. Dr. Vinas ließ keine Gelegenheit verstreichen, mich in den Arm zu nehmen und mir mit ihren schönen indischen Augen in die Seele zu sprechen:»Guido, marry a woman …« war mein täglich wiederkehrendes Mantra. Die Behandlungsräume waren wie mein Bad in offener Bauweise errichtet worden und hatten einen freien Blick über das Meer. In der Mitte des Raums stand eine große Liege, die wie eine leicht vertiefte Wanne wirkte. Es gab Tage, da schwamm ich in warmem Öl und die Hände meines Therapeuten waren nicht von dieser Welt. Hin und wieder wurden die Ruhe und die leichte Brise durch ein Quieken in den Ästen oder dem Gebälk unterbrochen.»No, Mister, it's not a rat … it's a squirrel … relax.« Ach so, ein Eichhörnchen! Es hatte sich sicher schon unter der Belegschaft rumgesprochen, dass der Deutsche keine Ratten mochte.»It's a squirrel« verfolgte mich durch den Tag und mittlerweile riefen schon die Gärtner, es sind Eichhörnchen. Diese Spezies konnte sich sehr schnell verstecken und huschte immer mal wieder vorbei. Mein Therapeut hieß Leonardo, vermutlich hatte er sich den Namen ausgedacht, als er *Titanic* auf DVD gesehen hatte. Er hatte nichts von einem Leonardo, vermutlich genauso wenig wie die Ratten etwas von Eichhörnchen hatten.

Der Höhepunkt unserer »Panchakarmakur« war die innere Reinigung. Dieser Therapie-D-Day war Dauergesprächsthema der Grünkittel. Meine liebe Freundin Annette ist eine Seele, aber auch eine Nervensäge, wenn es darum geht, alles auszuprobieren. Da ich sehr »unvergiftet« lebe und als Homöopathiekind großgezogen wurde, wirkt bei mir in der Regel alles doppelt. Annette redete mir am Abend vor unserer großen Reinigung ein: »Trink doch bitte alle 3 Fläschchen«, mit der widerlichsten Abführtinktur schlechthin, da sonst laut ihrer Intuition der Kurerfolg gefährdet wäre. Ich ließ mich erst breitschlagen, als sie mit dem Argument kam: »Denke auch einmal an den Gewichtsverlust ...«

Schon beim runterwürgen der Tinktur schrie mein Körper: »Fehler!« Hätte ich in diesem Moment nur etwas von Igors Verweigerung gehabt, mir wäre einiges erspart geblieben! Dieses Mittel brachte mich fast um, ich habe nicht gewusst, dass innerhalb von einigen Stunden ein Körper so abbauen kann. Ich erbrach ohne Unterlass und es war die einzige Nacht, in der ich nicht gegen meine Badezimmertür treten konnte, es wäre mir egal gewesen, wenn in der Rattenfalle *overbooking* geherrscht hätte. Später in der Nacht wurde mein Zustand kritischer und ich bekam eine Infusion und ein Gegenmittel, wenn es das überhaupt gab.

Am nächsten Morgen war ich körperlich so runter, dass ich kaum Kraft hatte aufzustehen. Annette war natürlich untröstlich und bemüht, mich wieder aufzubauen. Sie bequatschte mich erneut, mit ihr doch wenigstens an den Pool zu kommen – im Schatten läge es sich doch besser als in der stickigen Hütte – ich gab nach. Mein Abführzwischenfall sprach sich wie ein Lauffeuer in unserer Klinik herum und meine Sonnenliege war Zentrum aller Geschichten rund um innere Reinigung. Ayurvedatouristen belagerten mich wie Gaffer einen Verkehrsunfall. Annette versuchte mit Unterstützung von drei Italienern, mit Poolakrobatik und Animation den Tag zu retten. Sie hatte in einem vorherigen Leben als Reiseleiterin gearbeitet und dieser Beruf klebt an ihr wie Pattex, ständig will sie organisieren und etwas erleben! Wie aus dem Nichts meldete sich in Abständen mein geschundenes Verdauungssystem, noch nie war es mir so schlecht gegangen. Ein kleiner Toilettentempel neben unserem Pool sollte die Lage noch einmal zuspitzen, da ich in der Eile den viel zu niedrigen Türrahmen übersah und mit voller Wucht gegen ihn prallte. Es zog mir die Beine weg und ich verlor vor Schmerz die Orientierung. Nachdem ich zurück in meine Hütte gebracht worden war, stellte Dr. Vinas eine Gehirnerschütterung fest und ich hatte unerträgliche Kopfschmerzen und konnte das Bett nicht mehr verlassen.

An diesem Nachmittag setzte der Monsun ein und ich sah, wie durch einen Schleier, wie sich langsam der Weg zu meiner Hütte in einen Bach verwandelte. In der Nacht ging es mir wieder schlechter und meine liebe Annette recherchierte im Netz nach Behandlungsmöglichkeiten. Sie ließ mich zählen und fragte pausenlos nach meinem Namen. Es regnete ohne Unterlass, und als Dr. Vinas mitten in der Nacht in einem Fliegerseide-Jogginganzug neben meinem Bett stand, las ich den Werbespruch »Holsten knallt am dollsten«. Ich musste innerlich lachen und weiß noch, dass ich dachte: »Wenn ich das mal aufschreibe, glaubt mir das keiner! Das Letzte, was ich in meinem Leben sehe, ist eine Inderin in Fliegerseide und dieser Nachricht auf der Brust!« Dr. Vinas hielt meine Hand und flößte mir eine Tinktur ein. Meine Frage, was können wir tun, beantwortete sie mit dem Satz: »Guido, marry a woman …« Na bravo, Rettung unmöglich! In den folgenden Tagen verbesserte sich mein Zustand und ich glaube noch heute, dass die Tinktur mich gerettet hat. Die Alternative wäre eine Nothochzeit mit Annette gewesen – sie hätte es gemacht!

Am vorletzten Tag meiner Kur ging es mir wieder gut, ich hatte wunderbar abgenommen, an dieser Stelle noch einmal: »Danke, Annette, für den Tipp, alle drei Fläschchen zu trinken, und die Idee mit dem Poolaufenthalt war sehr effektiv!« Der krönende Abschluss unserer Kur war der berühmte Stirnguss, »Das Beste, was Ihnen passieren kann«, sagte mir die Schweizerin. »Da fliegste weg.« Ja, das wollte ich in der Tat! Ich wurde wie ein indischer Prinz auf meiner Behandlungsliege geschmückt, mit Blüten und allem, was indische Dekoration hergab. Später habe ich erfahren, dass nur mein Leonardo seine Patienten so dekoriert und das waren ausnahmslos Männer, das zum Thema: »We don't have that in India!« Jetzt weiß ich, warum so viele Menschen den Stirnguss lieben: Ein stetiger Strahl aus warmem Öl fließt punktgenau auf die Stirn und rinnt in einem wohligen Fluss den Kopf herunter – »Da fliegste weg!«

In diesem Moment der totalen Entspannung und dem Einswerden mit dem Leben und der üppigen Dekoration und der Erkenntnis, dass ich das Richtige trotz aller widrigen Umstände getan hatte, hörte ich das Quieken und Gepolter auf dem Balken über meinem Kopf, an dem mein Öltopf befestigt war. Als der Strahl durch die Bewegung auf meiner Stirn kreiste, sagte ich leise: »Leonardo, I know, it's a squirrel.« »No, Mister Guido, there are two rats fighting over your head …« Ich habe die Augen nicht aufgemacht und dachte nur: »Leonardo, marry a woman …«

Ethnolook und
Ibiza-Hippie-Style

»Auch jeder Hippie muss mal Pippi …«
Vater Kretschmer

WAS IST EIN ETHNOLOOK
UND WAS IBIZA-HIPPIE-STYLE?

Es gibt wohl keinen Look, der so unkonventionell und frei fühlen lässt wie der Ethno- und Hippielook! Ethno kommt von Ethnologie, das ist die Wissenschaft, die verschiedene Kulturen und ihr Verhalten erforscht. Die fröhlichen Muster für den Sommer sind häufig Ethnoprints. Die verschiedenen Ornamente und Symbole erinnern an ferne Länder und fremde Kulturen. Diese Muster lösen in vielen von uns Fernweh aus und flüstern leise:»Endlich Sommer!« In den 70er-Jahren des letzten Jahrhunderts, als Indien und Nepal Pilgerstätten für zahlreiche Blumenkinder und Hippies waren, entdeckte die Mode das Paisleymuster für sich. Die Mode ist immer der Spiegel des Zeitgeistes und verarbeitet die Sehnsüchte und Lebensgefühle der Menschen in mehr oder weniger tragbares Textil. Diese Reisenden waren nicht nur auf dem Weg, etwas Neues zu leben und zu erleben, sondern waren begeistert von den Farben und Mustern der fremden Kulturen und ihren Menschen.

Aber wie war der Weg vom Ethnolook zum Paisleymuster? Ganz einfach, denn die Paisleymotive sind im heutigen

Ethnolook auch zu finden. Sie sind der asiatische Teil des gefragten Mustermixes. Aber auch die südamerikanischen Prints spielen bei diesem Modetrend eine große Rolle. Die einheimischen Völker Azteken, Mayas und Inkas bevorzugten im Gegensatz zu den Persern und Indern geometrische Symbole für ihre Stoffe, Dreiecke, Kreise und Zacken prägten ihre Looks. Und zu guter Letzt kommt noch das Ikat-Design dazu: Seinen Ursprung hat diese besondere Webtechnik in Malaysia und Indonesien, Sarongs werden immer noch in aufwendiger Handarbeit gefertigt. Jetzt verstehen Sie, warum der Ethnolook seinen Namen wirklich verdient, denn kaum eine andere Modebewegung entstand aus so vielen verschiedenen Kulturen. Oft wird der Ethnolook auch mit dem beliebten Ibizastyle verglichen. Denn in den 70er-Jahren, als die spanische Mittelmeerinsel von unzähligen Hippies aufgesucht wurde, waren lange Wallawalla-Kleider mit Ethnoprints und bedruckte Tücher mit Paisleymustern der absolute Hit. Der so beliebte Paschminaschal ist den Hippies zu verdanken, denn sie hüllten sich schon vor vielen Jahren in die kuscheligen Kaschmirtücher.

WORAN ERKENNEN SIE DEN ETHNO-HIPPIE-LOOK?

Besorgte Eltern in den 1970er-Jahren hätten nicht lange gebraucht diesen Style zu beschreiben, der Look war allgegenwärtig. Ich kann mich noch gut daran erinnern, die bemalten Autos und die rauchenden Hippies, die in den Schulpausen auf dem Boden saßen. Gitarre spielende langhaarige junge Menschen, mit Blumen im Haar und ständig etwas zwischen den Fingern, was qualmte. Der Albtraum vieler Eltern hatte Ge stalt angenommen: »Aus unserem Hubert wird nichts mehr, der ist jetzt Hippie!« Alle wollten nach Indien und frei und unabhängig sein, ein frommer Wunsch, und was könnte es Schöneres geben, als diesen Idealen hinterherzulaufen, wenn man jung ist und noch alles möglich! Heute ist der Hippiestyle nicht nur modisch, sondern auch ein sicheres Zeichen für den Sommer. Bedruckte lange Kleider und farbenfrohe Tuniken, Silberschmuck und Türkise, mit Lederbändern geflochtene Glasperlenketten und das Friedenssymbol gehören zu diesem Look.

Stirnbänder und große Schlapphüte, kreisrunde Sonnenbrillen und geflochtene Zöpfe, flache Ledersandalen und bunte Stiefelchen sind nie aus der Mode gekommen. Weit schwingende Hippieröcke, Westen und kleine Tops mit wilden Mustern zählen zu diesem Style. Leichte Baumwolle und dünnes Leinen, gebatikt, gewebt und verziert mit klingenden Glöckchen und Bändern, gehören zu dieser Mode wie gebräunte Haut und ein unkonventionelles Reiseziel. Dieser Style hat seine Anhänger. Es gibt ihn sehr jung und farbenfroh, aber auch edel und gesetzt, so wie er gern von »älteren Mädchen« im Münchner Schwabing getragen wird. Es ist ein femininer und auch zeitloser Look und zeigt, wie gern die Trägerin frei ist – oder wäre. Ich kenne eine wunderschöne Frau, Anfang 70, mit grauen schulterlangen Haaren, sie ist ein ewiger Edelhippie und es macht mir eine unbändige Freude, mit ihr zusammen zu sein. Keiner erzählt so schön vom Gestern und ich glaube ihr immer jedes Wort, ich glaube, Hippies lügen nicht, sie hätten keinen Grund dazu! Sie hat nie verloren, was sie damals gesucht hat, sie ist freundlich und frei und grenzenlos tolerant, wie meine geliebte Mutter. Sie trägt lange Ketten und Anhänger aus Steinen, die alle eine Bedeutung haben, ihre Ringe sind ausnahmslos aus Silber und sie liebt Gürtel und weiche Leder-

taschen. Sie fährt immer mit dem Rad und riecht nach Sandel-
holzöl und Patschuli, sie ist eine von den Guten und hat die
Lichterkette mit erfunden, ist doch toll …

WIE TRAGE ICH DEN ETHNO-IBIZA-HIPPIE-STYLE?

Sie sollten ihn mit Vergnügen tragen und einfach mal etwas
wagen! Ein weit schwingender Rock hat vor keiner Konfek-
tionsgröße Angst und Gleiches gilt auch für die lässigen Kleider. Die kleinen Muster tragen nicht so auf und die Farben
sind die Töne der Natur, sie passen zu uns wie der Sand, die
Sonne, die Natur und das Meer. Versuchen Sie diesen Style einmal in ihrem Urlaub, Sie werden sehen, es lebt sich ganz gut
in diesem gemütlichen Hippiekleidchen. Ein Ethnorock mit einem schlichten Oberteil ist wunderbar. Eine Hippiebluse oder
eine Tunika sind wunderbare Sonnen- und Urlaubsbegleiter,
zusammen mit einer weiten weißen Sommerhose und einem
Strohhut kann wunderbar sein. Ein kleines Top und eine bunt
bestickte Weste zu einem weiten weißen Sommerrock, Sandalen und eine lange Kette, eine Tasche aus Bast oder Leder –
und der Sommer ist da. In meiner Sendung *Shopping Queen* liebe ich die Wochenaufgaben, die Frauen die Chance geben, sich
einmal auf etwas Neues einzulassen. Was haben wir schon für
schöne Looks gesehen, und das an Frauen aus allen Alters-
klassen. Wenn ich Ihnen etwas empfehlen darf, mischen Sie
einfach mal etwas von diesem Look mit einer Jeans oder Ihren
üblichen Sachen, Sie werden merken, es lässt sich vor allem im
Sommer wunderbar kombinieren.

WER KANN DEN ETHNO-IBIZA-STYLE TRAGEN?

Einfach alle, es gibt keine Altersgruppe, keine Figur und keine Einschränkung. Es steht fast allen und macht Sie lässig und frei! Jetzt ist nicht jeder gemacht für diesen Style, aber wenn Sie es gern einmal in Weiß mögen, dann passt immer etwas Ethno dazu. Es macht Sie etwas jünger und freier. Sie sollten jedoch nicht gleich übertreiben, sodass Ihr Mann, wenn er nach Hause kommt, nicht denkt, seine Liebste wäre einer Sekte beigetreten und auf dem Weg nach Indien. Ein wunderschöner erdfarbener oder roter Paisleyschal auf einem Mantel kann wunderbar aussehen. Ein wenig Ethnoschmuck auf einem Pullover oder einem Top mit sanften Erdfarben ist nicht nur hübsch, sondern zeigt auch immer eine gewisse Lässigkeit. Für alle, die mit dem Look nichts anfangen können, wäre ein Poncho oder ein schönes Wollcape oder gern auch ein eleganter Kaschmirschal im Ethnostyle ein guter Anfang … Viel Vergnügen!

DAS EWIGE MÄDCHEN

»Eine Frühlingsrolle in Größe 46, bitte«, waren die ersten Worte, die ich von ihr hörte. Dabei hielt sie mir von hinten die Augen zu, und als ich mich umdrehte, sagte sie: »Kuckuck«, und ich sagte: »Gibts ja nicht, ein ewiges Mädchen.« Das Verdrängen des Erwachsenwerdens ist in der Medizin besser bekannt als Cinderella- bzw. Peter-Pan-Syndrom, wenn es sich um einen Mann handelt. Wobei ein Peter Pan mir eindeutig mehr auf die Nerven geht, ein ewiger Junge ist schwer zu ertragen. »Cinderella« war gut und gerne Mitte 60 und hielt außer meinen Augen wohl auch ihre stets geschlossen. Sie hatte die schmalsten Sehschlitze, die ich je bei einer Europäerin gesehen hatte. Obwohl mächtig viel an ihr und um sie herum los war, fielen mir nur ihre fehlenden Augen auf. Ein kaum sichtbarer Millimeterschlitz, verborgen hinter einer kreisrunden Brille, die an ein Insekt erinnern mochte, waren ihre Spähschlitze und die Verbindung zur Welt. Sie war ein Althippie mit dunkelrot gefärbten Haaren und einer Naturkrause, die noch dicht und unbändig auf ihre Schultern fiel. Unbändig war auch ihr Lächeln, es wirkte ein wenig entrückt und sie strahlte, als wäre ihr erst gestern der Messias erschienen. Sie war behangen mit unzähligen Ketten und Armreifen und ihre wulstigen Finger waren übersät mit Ringen, es klimperte und klingelte an ihr, und der Schmuck umgab sie wie ein Schutzschild der Aufmerksamkeit. Sie war nicht zu überhören. Ihre füllige Figur umwehte ein Hängerchen aus Baumwolle. Das Muster war ein Streublümchengewirr, in dem zu allem Überfluss noch Schwalben ihr Unwesen trieben. Die Vögel waren lebensgroß und rissen im Sturzflug die Schnäbel auf, als würden sie um Hilfe rufen. Der Designer dieses Musters hatte sicher eine schwere Zeit gehabt oder musste ein Vogeltrauma textil verarbeiten. Zu allem Überfluss hatte sie eine Art Stola als Bolero missbraucht. Besagte Stola war aus einem verblassten roten Samt mit Fransen gearbeitet worden und wirkte ein wenig wie ein Sofabezug, der sich ein zweites Leben als Kleidungsstück erschlichen hatte.

Es gibt Dinge, die kleben an uns oder unserer Erinnerung und wir sind unfähig uns davon zu lösen. Bis der letzte Anzug des verstorbenen Partners weggegeben wurde und auch er seine ewige Ruhe finden kann, vergeht häufig sehr viel Zeit. Wie können wir uns trennen, wenn besagter Anzug vor geraumer Zeit noch belebt war, laufen konnte, uns zum Tanz aufforderte, oder »Wann gibts Mittagessen?« sagen konnte. Er ist nicht nur eine Hose und eine Jacke, sondern ein stummer Zeuge der Vergangenheit. Das Sofa, auf dem gemeinsam gelebt und Platz genommen wurde, ist eben mehr als ein profanes Sitzmöbel, egal wie verschlissen der Samt ist, es ist Teil unseres Lebens. Wer den Dingen eine Bedeutung gibt, der hängt zuweilen an vermeintlich seelenlosen Gegenständen. Was noch gut ist, das wird von uns immer wieder gern von hier nach da geräumt, in einer Art Warteschleife bis zur Entsorgung. Einiges wird jedoch umgearbeitet und vielleicht eines guten Tages ein neues Leben in Gestalt einer Stola finden, an den Schultern eines ewigen Mädchens. So kommt ein Sofakissen noch mal auf die Welt.

Das vergessene Kind war so groß wie eine handelsübliche Parkuhr und musste sich heftig gestreckt haben, um mir die Augen zuzuhalten und »Kuckuck« zu sagen. So stand ich auf einmal neben ihr an der Theke eines Take-away-Asiaten und musste laut lachen: »Eine Frühlingsrolle in Größe 46, bitte.« Die asiatische Fachkraft sagte: »Nege Bitte«, und wusste im Gegensatz zu mir, was sie wollte, und nahm die Bestellung auf. Auf meine Frage: »Kennen wir uns?«, sagte die kleine Streublumenfrau: »Ja, aber aus einem anderen Leben …«»Ach so«, sagte ich und war erstaunt, wie erfreut sie war, mich wiedergefunden zu haben. »Da hatten wir aber wohl eine gute Zeit, möchte ich vermuten, wenn Sie sich gleich so zu mir hochstrecken«, sagte ich und fühlte, wie sie ihre Hand in die meine legte. So stand ich, ihre Hand haltend, vor einem Asiaimbiss und wartete auf Thaicurry Nr. 56 mit Tofu und auf eine Frühlingsrolle Nr. 46 und war nicht einen Moment erstaunt, dass ich ihre Hand hielt. Als »Nege Bitte« fragte: »Mit oder hier?«, lächelte meine Handhalterin und sagte: »Hier natürlich«, und deutete auf einen freien Tisch am Fenster.

Das in die Jahre gekommene Blumenmädchen nahm Platz und baumelte vor Glück mit den kurzen Beinen. Erst jetzt fiel mir auf, sie war barfuß und bis auf ein Fußkettchen mit Glöckchen hatte sie nichts an den Füßen. Die Frühlingsrolle in Größe 46 stellte sich als eine Suppe heraus, in der eine Menge schwamm, was nicht wie Frühling aussah. Was eine Frühlingsrolle mit dem Frühling gemein hat, ist mir genauso unverständlich wie die Tatsache, beim Asiaten immer eine Nummer zu bestellen. Zweimal 34 und eine 18 zum Mitnehmen, aber mit Stäbchen bitte, für das Asiagefühl!

Als ich mich zu ihr setzte, legte sie kurz ihre Hand auf die meine und sagte: »Jetzt iss mal, mein Junge, und ich erzähle dir erst einmal was vom Leben ...« Warum das Leben an jenem Abend mir etwas beibringen wollte, wusste ich nicht, aber ich bin noch heute dankbar dafür. Hin und wieder kann eine unerwartete Frühlingsrolle ein Vergnügen sein. Meine Vermutung, meine Tischdame wäre verwirrt oder nicht ganz von dieser Welt, entsprach nicht der Realität. Sie war klar, zugegebenermaßen etwas seltsam, aber sie freute sich von Herzen, mich getroffen zu haben. Und auch ich genoss ihre Gesellschaft. »Du bist eine alte Seele«, sagte sie, »und jetzt sitzt du hier mit einer alten Schachtel und fragst dich: ›Warum ist es für mich so normal?‹« »Weil wir uns vertraut sind«, sagte sie dann, »und immer wenn ich mein Schwalbenkleid trage, ist Entscheidungstag und ich treffe einen Menschen, der meinen Zuspruch braucht.«

Ihr Name war Mangal Muri, den hatte ihr ein indischer Lehrer gegeben. Sie war als Siegrid geboren und ein Kind der Hippiezeit. In den 70er-Jahren war sie dem Ruf Bhagwans gefolgt und hatte ihren damaligen Mann und ihr gewohntes Leben verlassen. Zusammen mit einer Freundin und 1000 Mark hatten sie in einem VW Bulli die Reise nach Indien angetreten. Ob es Mut brauchte, habe ich sie gefragt. »Nein«, war ihre Antwort, »nur Sehnsucht. Mut braucht es nur, um zurückzukommen.« Sie hatten 5 Monate gebraucht und der Wagen hatte die jungen Frauen unbeschadet nach Indien geschuckelt und »dieser Bus«, sagte sie, »war das Erste, auf das ich mich in meinem Leben verlassen konnte.« Sie löffelte ihre Suppe mit Andacht und die Schwalben auf ihrem Kleid schienen während der Fütterung ruhiger zu werden, oder aber ich hatte mich an das Muster gewöhnt. Bhagwan, sagte sie, war eine Enttäuschung, aber die Menschen, die aus der ganzen Welt in Puna ankamen, waren Verbündete und eine große Bereicherung für ihr Leben. Sinnsucher wären sie gewesen und häufig aus guten Familien und mit einem Plan, der sicher nichts mit den Vorstellungen der Eltern gemein hatte. »Wenn erst einmal Kleidchen an dir runterhängen«, sagte sie, »dann weißte,

jetzt wird es lässig.« Ich musste laut lachen und sie lachte gleich mit, weil es ihr leichtfiel, sich zu freuen. Sie strahlte auf eine ganz besondere Weise, unangestrengt, warm und selbstverständlich. Dann sagte sie:»Wenn du aus den Bergen kommst und auf dem Weg zum Meer bist, dann sollte auch mal eine Rast eingelegt werden.« Wie konnte sie wissen, dass ich gerade erst aus den Schweizer Bergen gekommen war und am nächsten Tag nach Mallorca fliegen wollte und einen Zwischenstopp in meinem Büro eingelegt hatte und jetzt mit ihr »Rastplatz beim Asiaten« spielte? Ich verwarf den Gedanken sofort wieder, um im nächsten Moment eines Besseren belehrt zu werden:»Ich würde das Angebot annehmen«, sagte sie,»es wird dich glücklich machen«, und es verschlug mir den Atem. Woher wusste sie von meinem Angebot und den Überlegungen, mich auf etwas Neues einzulassen? Dann sagte sie:»Ich bin nach fast 40 Jahren zurückgekommen und habe ihn begleitet bis zum Ende.« »Wen?«, fragte ich.»Meinen Mann«, sagte sie.

»Wieso, hat er all die Jahre auf dich gewartet?«»Ja«, sagte sie,»er war wie du, er hing an denen, die ihm etwas bedeutet haben. Er hat mir etwas Geld hinterlassen und ein Auto«, sagte sie. Sie habe den Wagen heute Morgen einem Studenten geschenkt und morgen fliege sie zurück nach Indien. In dem Moment wusste ich, sie war so frei wie die Schwalben auf ihrem Kleid und so hellsichtig wie einige beim Astro-Channel gerne wären. Sie erzählte mir mein ganzes Leben, alles was war und einiges was noch kommen sollte. Heute kann ich sagen, sie kannte und wusste um mich, obwohl sie mich noch nie zuvor getroffen hatte. Spooky, dachte ich, und als wir uns vor dem Asiaimbiss verabschiedeten, haben wir uns fest gedrückt und ich habe ihr ins Ohr geflüstert:»Ich weiß, dein Bolero war einmal ein Kissen«, und sie sagte: »Stimmt, aber außer dir fällt es keinem auf …« Am nächsten Tag habe ich meine Produktionsfirma angerufen und *Shopping Queen* zugesagt.

Lagenlook oder Layering

»Layering ist der Versuch, mit einer Menge von unterschiedlichen Textilien einen Eindruck zu vermitteln, als würde alles zusammenpassen …« GMK

WAS IST EIGENTLICH LAYERING?

Bitte was? Layering? Ja, dieser Begriff ist in der Tat etwas unhandlich. Layering kommt aus dem Englischen und bedeutet Schichten und ist uns besser bekannt als Zwiebellook. Und diesen Look kennen wir zumindest im Winter nur zu gut. Bei diesem »Schichtbetrieb« trägt Frau viele verschiedene Kleidungsstücke übereinander. Ein Beispiel: Eine versierte und passionierte Modeeule trägt zum Midirock ein schulterfreies Top, Peeptoe-Booties und eine Strumpfhose, ein Jeanshemd und einen leichten Pullover, eine Fellweste und noch einen Schal. Das klingt etwas viel, aber beginnt die Dame Stück für Stück auszuziehen, dann ist sie immer noch perfekt angezogen. Nimmt man ihr den Schal, die Fellweste, die Strumpfhose und den Pullover, dann hat sie ein sommerliches Outfit an. Das Jeanshemd geht dann noch als leichte Sommerjacke durch. So ist es zu verstehen, zusammen werden unterschiedliche Teile, in Lagen getragen, zu einem Look. Weglassen bedeutet nicht den Verlust von Style, sondern ändert ihn lediglich und Frau bleibt gut angezogen. Wenn natürlich auch noch der Rock und das Top fallen, dann stehen Sie in Wäsche und Schuhen vor

Ihrem Liebsten und das ist dann auch schon wieder ein Look und in aller Regel gern gesehen. Der Layeringlook kommt eigentlich aus den kälteren Regionen der Erde. Hier müssen die modeaffinen Einheimischen flexibel sein. Vor der Haustür ist es bitterkalt und sie brauchen Strumpfhosen, Pullover, Mäntel und eben alles, was noch schön warm hält. In geschlossenen Räumen ist es dann mollig warm und so muss abgelegt werden, und dieses Vergnügen, mit den fallenden Schichten noch gut auszusehen, ist der Ursprung des Layering.

WIE KÖNNEN SIE DEN LAYERINGLOOK GEKONNT FÜR SICH NUTZEN?

Wer den Layeringlook für sich entdeckt, muss darauf achten, dass er sich im Schichtenstyle nicht verfranst. Dieser Look funktioniert besonders gut, wenn der Stilmix gekonnt und clean ist. Wer ein Jeanshemd unter einem kamelfarbenen Mantel trägt, der braucht nicht noch eine schwere Statementkette, zwei Westen im Animalprint und eine zweite Bluse mit Rüschen. Harmonische Lagen von sanften Tönen sind eine sichere Bank und ein Garant für einen gelungenen Look. Beispiel: Sie tragen eine enge weiße Hose, darüber eine zarte lange Bluse in einem leichten Grauton, ein weißes fließendes Top und eine dunkelgraue grob gestrickte Jacke, einen langen und leichten Schal in einem Perlgrau – und schon ist ein Farbverlauf entstanden, der spannend und speziell ist. Etwas Silberschmuck, eine lässige Tasche und ein sportiver Schuh wie auch ein Ballerina sehen toll dazu aus. Layering heißt eben auch, mit Materialien und Farben zu spielen. Ein weiteres Beispiel: Ein leichtes Hängekleidchen wird über einem zarten Unterkleid getragen, Leggings, ein Trägertop und eine lange fließende Strickjacke, und alles kann in einer Farbe kombiniert werden. Dieser Style funktioniert in jeder Farbe. Besonders schön und leicht wirken die zarten Töne, wie Weiß, Grau, Rosé, Flieder und alle Pudertöne. Besonders schön ist dieser Look auch im Herbst. Alle Naturfarben eignen sich für den Lagenlook und sind leicht zu kombinieren. Eine feine naturfarbene Wildlederhose mit Stiefeln, zusammen mit einer fließenden Bluse in einem schönen Grünton, einer längeren Weste in einem zarten Braun und ein großes Tuch mit einem vielleicht braun-grün gemusterten Paisley kann wunderschön sein. Der Lagenlook kann aber auch bedeuten, dass die Mutigen unter Ihnen mit extremen Farben spielen oder alle Schattierungen einer Farbe, z. B. Rot in all seiner Vielfalt, in verschiedenen Schichten kombinieren. Tiefes Weinrot in Strick, zusammen mit ziegelroten Blusen und beerenfarbenen Jacken sind ein Traum, zusammen mit roten Glasperlenketten und Strickmützen und einem tiefen, sattroten, großen Schal können sie sehr stylisch aussehen. Der gekonnte Lagenlook ruft eben auch ganz leise: »Hallo Hippie …«

WER KANN DEN LAGENLOOK TRAGEN?

Layering ist für fast alle Frauen ein Thema und Sie sollten mindestens eine gute Variation davon in Ihrem Kleiderschrank haben. Vermutlich gibt es schon unzählige Kombinationen in Ihren Schränken, die aber noch nie in der Zusammenstellung angezogen wurden. Probieren Sie es doch einfach einmal. Seien Sie mutig und legen sich mal einige Möglichkeiten zusammen. Sie werden erstaunt sein, wie viele harmonische Layering-

Outfits in Ihren Schränken schlummern. Jeder von uns kauft gern in Farben und Formen, die er mag oder die ihm vertraut sind. Dieser Umstand ist ideal für das Layering, da es genügend Kleidungsstücke gibt, die harmonisch zusammen getragen werden können. Layering eignet sich besonders für sehr schlanke, aber auch sehr kurvige Frauen. Problemzonen können durch die verschiedenen Längen und Lagen, die zum Teil offen getragen werden, vertuscht werden. Auch Frauen, die Sinnlichkeit und natürliche Materialien lieben, sehen toll aus, wenn ein gekonnter Lagenlook zum Einsatz kommt. Etwas alternativ angehauchte Damen, die vielleicht den Yoga- und Wellnesslook lieben, finden im Layering vielleicht ihre textile Erfüllung. Er kann leicht und unkonventionell sein, aber eben auch elegant und außergewöhnlich. Schlanke Damen können wunderbar auch groben Strick, Westen aus Webpelz und gern einmal eine Lage mehr tragen. Die großen Größen sollten feine leichte und fließende Kleidung übereinander kombinieren, immer etwas Helles am Dekolleté lässt es leichter wirken. Strick sollte nicht zu grob sein und auch glänzende Materialien sollten immer mit matten harmonisch in Einklang gebracht werden. Dieser Look ist schön für alle, die gern mit Schmuck, Taschen und Tüchern spielen, er ist ein Experimentiervergnügen und ist für den Herbst-Winter wunderbar. Die molligen Mädchen haben gerade im Sommer die Chance, leicht und luftig angezogen zu sein, ohne zu viel Haut zeigen zu müssen. Hauchdünnes Leinen und Baumwolle mit schönen zarten Sommertüchern sind zusammen mit großem Schmuck ein Vergnügen und manchmal auch eine Befreiung.

DANKE!

Mein Dank gehört euch, liebe LeserInnen, ZuschauerInnen, WegbegleiterInnen, und all den modebegeisterten Frauen und Männern, die an jedem Tag mein Leben so bereichern!

Danksagung in einem Buch bedeutet, seine Wertschätzung auszudrücken! Es ist die Chance, schwarz auf weiß festzuhalten, was nicht immer – und vielleicht auch zu selten – gesagt wird: Danke!

Ich werde mir heute – zum ersten Mal in meinem Leben – selber danken! Und das ist sicher ungewöhnlich, aber ich hatte eine so gute Zeit mit dem Buch und es hat mir große Freude bereitet, es zu schreiben und illustrieren zu dürfen. Die Erinnerung ist doch etwas Wunderbares, sich all das Gelebte noch einmal in das Bewusstsein zu holen, zu vergegenwärtigen und aufzuschreiben, das ist ein großes Glück und ein Vergnügen noch dazu!

Aber was wäre das alles ohne einen *Verlag*, der Partner ist, und meine liebe Lektorin *Constanze Gölz*, die an meiner Seite steht und die mir wieder einmal so freie Hand gelassen und vertraut hat: Danke!!

Ich danke *Britta Friedrich* und *Anne Farin*, meinen AB-Glanz-Powergirls aus Hamburg, und dem zauberhaftesten *David Reichert*, den ich kenne, und was würde ich ohne Euch, mein Familien-Dreigestirn, machen?

Der lieben *Sonja Netzle*, die mich wieder einmal unterstützt und durch ihren wichtigen Input dazu beigetragen hat, dass ich so schnell fertig wurde!! Wie gut, dass Du gerettet wurdest und so schön wie keine »Guidolein« sagen kannst!!

Dank auch an meine Freundinnen *Uta Steinmetz* und die »Titelhändlerin« *Annette Schneider*, die für einige Tage meine ersten Zuhörerinnen und Kritikerinnen waren.

Der *Queen Mary 2*, auf der ich sicher den Atlantik überqueren konnte und mich so wohlgefühlt habe, dass ich immerzu schreiben konnte!

Enrico für die sicheren Fahrten in meinem Auto und die Ruhe, auf der Rückbank schreiben zu können, sowie meiner süßen Maske *Peggy*, die genauso viel quasselt wie zuhört und immer auf ihren lieben Vater schwört, der sich, wenn er noch leben würde, sicher darüber freuen würde.

Petra Schmidt für die Zwillinge *Aimee* und *Alisha* und *Evelyn* »Weißimmeralles« *Kirsch* für meine *Alaiyha*, ohne die ich nur ein halber Windhund wäre …

Auch möchte ich der *Tierklinik Düppel* und *Prof. Brunnberg* und seinen lieben *Doktoranden* danken für die Rettung meiner so geliebten Barsois und die Stunden, in denen ich neben einer langsam einlaufenden Infusion schreiben konnte und noch so nett versorgt wurde!

Senta, Sie sind so hübsch, und *Frau Dr. Nerlich*, Sie sind unser Hero und eine so begabte Tierärztin und ich würde mich nicht wundern, wenn Sie eines guten Tages den Laden übernehmen!

Meinen lieben Eltern, die sich so tapfer trauen »älter« zu werden und die ich zum ersten Mal in einem Kapitel »verwursten« durfte und die noch immer unter den Lamadecken liegen …

Und Du, *mein Frank,* immer an meiner Seite, immer da, immer glücklich und zufrieden, wie geht das nur? Du bist mein ewiges Vorbild!!

Edel Books
Ein Verlag der Edel Germany GmbH

Copyright © 2014 Edel Germany GmbH,
Neumühlen 17, 22763 Hamburg
www.edel.com
1. Auflage 2014

Projektkoordination und Lektorat: Constanze Gölz
Illustrationen Cover und Innenteil: Guido Maria Kretschmer
Autorenporträt Banderole: picture alliance / Jeff Mangione / KURIER /
picturedesk.com
Logos VOX und Shopping Queen auf Banderole: © VOX Television
GmbH 2014 – vermarktet durch RTL interactive GmbH

Cover, Layout und Umschlaggestaltung: Groothuis.
Gesellschaft der Ideen und Passionen mbH | www.groothuis.de
Lithografie: Frische Grafik, Hamburg
Druck und Bindung: optimal media GmbH,
Glienholzweg 7, 17207 Röbel/Müritz

Printed in Germany

ISBN 978-3-8419-0326-6